U0907437

零售运营手册

曾弘毅◎著

南方出版传媒
广东经济出版社
——广州——

图书在版编目（CIP）数据

零售运营手册 / 曾弘毅著. - 广州 : 广东经济出版社, 2018.5

ISBN 978-7-5454-6183-1

Ⅰ. ①零… Ⅱ. ①曾… Ⅲ. ①零售业－商业经营－手册 Ⅳ. ①F713.32-62

中国版本图书馆 CIP 数据核字 (2018) 第 060182 号

出 版 人：姚丹林
特约编辑：马剑涛　吴海燕
责任编辑：张晶晶　程梦菲
责任技编：谢　莹
封面设计：润和佳艺

《零售运营手册》
LINGSHOU YUNYING SHOUCE
曾弘毅　著

出版发行	广东经济出版社（广州市环市东路水荫路 11 号 11-12 楼）
经销	全国新华书店
印刷	大厂回族自治县彩虹印刷有限公司（河北省廊坊市大厂县夏垫镇政府北侧）
开本	710 毫米 ×1000 毫米　1/16
印张	14
字数	208 000 字
版次	2018 年 5 月第 1 版
印次	2018 年 5 月第 1 次
印数	1-40000
书号	ISBN 978-7-5454-6183-1
定价	49.80 元

如发现印装质量问题，影响阅读，请与承印厂联系调换。
发行部地址：广州市环市东路水荫路 11 号 11 楼
电话：（020）38306055　37601950　邮编：510075
邮购地址：广州市环市东路水荫路 11 号 11 楼
电话：（020）37601950　营销网址：http://www.gebook.com
广东经济出版社新浪官方微博：http://e.weibo.com/gebook
广东经济出版社常年法律顾问：何剑桥律师

永不消失的零售店

说起零售，很多朋友第一时间想起的可能是社区便利店、连锁超市、个体户开的小卖部以及大型百货商场。如今的实体零售门店越开越小，给不少消费者留下了零售行业是小本生意的印象。其实，现代零售业已在不知不觉中发展成一个全球化、高科技的行业。

零售店维持着我们的日常生活，也承载着很多人的回忆。“80后”和“90后”的青年们在回忆童年时，经常会提到小卖部出售的零食和玩具。每一段时间都会有一种新商品流行，在物资不算丰富的二三十年前，一切都显得那么珍贵。如今，一些当初被视若稀罕物的东西已经退出市场，不再受大众欢迎，小卖部也被便利店、连锁超市、购物中心、网上商城取代。时代在变，物价在变，商品种类在变，人们的消费需求也在变，不变的是这个世界需要零售店。

古老的零售业在互联网经济的冲击下面临着大洗牌，哪怕是积极拥抱电子商务的巨型零售商，照样可能在某个国家或地区的零售市场铩羽而归。零售既简单又复杂，简陋的小便利店可以凭借靠近社区的优势来生存，复杂的大型连锁超市则可能在车水马龙的商圈里关门。

号称“天天平价”的沃尔玛公司多次雄踞世界500强榜首，无论它采用了多少新兴技术和新的销售方式，本质上都是传统的零售企业。它的成功在于抓住了世界各国几十亿消费者最基本的生活需求。无论时代怎么变，人们首先要满足的依然是那些最基本的生活需求。从这个意义上说，最古老的零售行业就是最亲民的行业，也是最容易赚钱的行业，谁也离不开它。

苏宁云商集团股份有限公司董事长张近东在公司会议上提到：“全球最多的人口、世界最快的工业化城市化发展步伐，注定使中国的消费市场成为最朝阳的产业，目前我国拥有着35万亿的国内消费规模，到2020年这一数字将达到45万亿至50万亿。苏宁的发展定位始终坚守在零售消费这一最大的金矿上。”

由此可见，零售消费依然大有可为，还存在大量有待填补的市场空白。随着智能技术的迅猛发展，亚马逊和阿里巴巴相继推出了高度智能化的无人便利店。乐观者认为无人便利店将在未来淘汰传统的便利店，但也有人认为这种新兴的便利店只会跟传统的便利店形成互补。

未来的零售业会怎样发展，没人能保证自己一定能预料得准。但可以肯定的是，无论演变成何种形式，零售行业会一直存在下去，吸引着大量从业者投身其中。本书就是专为初入零售行业的朋友而作，让大家能对零售业的方方面面有个基本的认识。

目录

第1章 零售商应该知道的基本常识

什么是零售 / 002

零售商的类型 / 006

零售业存在的意义 / 010

我国零售业的整体发展情况 / 013

拓展阅读：全球第一大零售商沃尔玛 / 021

第2章 零售业的发展战略规划

瞄准目标市场 / 026

分析发展形势，明确管理任务 / 029

识别顾客的特征和需求 / 033

构建合理的组织架构 / 036

打造优秀的零售团队 / 040

财务管理是运营的关键 / 044

零售管理的整体战略规划 / 048

拓展阅读：沃尔玛曾经的头号劲敌乐购 / 052

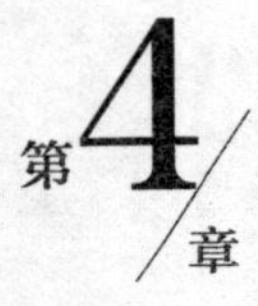

第3章 门店经营不只是照看门面

门店的选址，位置影响力最重要 / 056

减少顾客的“搜索阻力”与“位置阻力” / 060

别忘了激励门店员工 / 063

拓展阅读：美国最大的食品连锁超市克罗格 / 066

第4章 全渠道零售从供应链建设开始

全渠道零售的注意事项 / 070

如何判断渠道的生命力 / 073

抓好供应链，信息和物流是关键 / 077

与供应商的协作，谨防“鞭子效应” / 080

保持供应链的畅通与润滑 / 084

拓展阅读：2017年亚马逊全球开店入驻条件 / 089

第5章 根据顾客购物心理学设计店内布局

商店运行好坏的标准——顾客转化率 / 094

购物需要留出“缓冲地带” / 097

用广告牌打断购物者的视线 / 100

根据顾客的移动习惯来设计购买路线 / 103

拓展阅读：家乐福录用员工的条件 / 106

第6章 你的货架上应该放什么商品

商品的分类调整，以不惹毛顾客为准 / 110

预测商品类别的生命周期 / 114

商品管理的第一要务——控制库存 / 117

制订商品计划时应当考虑的问题 / 121

采购计划包括哪些内容 / 125

拓展阅读：永辉超市关于退货的部分规章制度 / 130

第7章 怎样定价才能让顾客愿意买

零售定价的影响因素 / 138

确立你的零售价格体系 / 141

常用零售定价策略 / 145

拓展阅读：让小米总裁雷军赞不绝口的好市多 / 149

第8章 以“又近又方便”的服务塑造品牌

顾客喜欢的和讨厌的细节 / 152

让顾客感到方便的就是正确的措施 / 157

好服务不局限于门店之内 / 161

女性消费者，零售业首要满足群体 / 165

用服务挖掘男性顾客的消费潜力 / 168

不可让老年顾客感到不便 / 171

欢迎孩子的零售店走得更远 / 174

拓展阅读：让“都市懒人”们省心的7-ELEVEN便利店 / 177

第9章 **扩店的风险与机遇**

扩店策略一定是对的吗 / 180

想扩店，先评估商圈的潜力 / 184

扩店成网，基于共享 / 187

拓展阅读：京东商城违规行为的处罚与扣分标准 / 190

第10章 **电商时代的零售策略**

社交口碑能促销，但网购也有烦恼 / 196

电商时代，更不能忽视“少数派”顾客的需求 / 199

利用社区效应促进门店交易 / 202

拓展阅读：逆流而上的苏宁集团 / 205

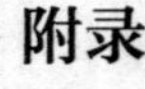

附录

《中国零售行业发展报告（2016/2017年）》（节选） / 207

PART ONE

零售商应该知道的基本常识

零售商指的是向消费者出售商品或服务以供个人或家庭使用的企业。它们是连接生产商与最终消费者的纽带，也是营销渠道中最后一个企业环节。假如世界上没有了零售商，我们的日常生活都将难以维持。零售行业虽然不是暴利行业，但对整个城市的日常运作有着举足轻重的意义。零售管理千头万绪，稍不注意就会出现纰漏。想要成为优秀的零售商，需要具备很多知识。首先，你得了解零售行业的基本常识与整体发展状况，在入行之前认清零售市场的机遇与风险。

什么是零售

1. 零售只是在商店里出售商品吗？
2. 零售在分销过程中处于哪个环节？

1. 零售的含义

在很多人眼中，零售就是在商店里卖东西。这个认识太过狭隘。零售是一系列的商业活动，它创造价值的方式是为消费者提供个人或家庭用品，以及相关的服务；并不是所有的零售活动都发生在商店里。比如，当你在互联网上给美团外卖下订单时，就已经成为零售活动的一个环节。即便购物方式不同，网购和到商店购物一样都属于零售的范畴。

所有面向最终消费者的销售活动，都可以视为零售。无论自己买的是食物、服装、汽车，还是电影票、书籍等文化娱乐消费品，都会跟零售商产生直接联系。从这个意义上说，零售是分销过程的最终环节。零售环节若是做不到位，再好的商品也会滞销。与此同时，无数消费者的大量日常需求也根本得不到应有的满足。

对于都市里的大部分人来说，除了工作单位和自己的住所之外，每天必去的地方主要就是零售店了。不妨回想一下，我们每天的生活用品都是从哪来的？比如，不少人下班后必做的事就是去采购晚餐用的食材，他们肯定会光顾蔬果零售店或超级市场的蔬果陈列架。人们以消费者的身份养活零售行业，零售行业也养活了需要大量生活物资的人。

零售冷知识

美国零售商的“频繁购物者计划”

美国零售商为了奖励跟自己保持长久关系的最佳顾客，推出了以顾客忠诚度为奖励依据的“频繁购物者计划”。大约90%的美国家庭都曾经参与过这个计划。这项措施的原理是，如果购物者认为奖励的价值比未来购买商品或给出电子邮件地址（联系方式）的代价更高，他们会根据奖励改变自己的购物行为。这些奖励包括：经济型奖励（如价格折扣、代金券等）、享乐型奖励（如旅游、比赛、积分抽奖活动等）、社会关系型奖励（如使用商场的特殊等候区之类的特殊权利等）、信息型奖励（如顾客喜爱的某个品牌的产品或服务信息等）、功能型奖励（如优先付款、送货上门等）。

2. 与零售相关的基本因素

我们天天都在接触零售行业，但对与零售相关的基本因素未必了解。假如你打算从事零售行业，那么对下面表格中的内容就不能不有所了解：

组织因素	消费者因素	商店位置因素	运营因素
◎所有制形式 ◎商品/服务种类 ◎现有的分销渠道 ◎竞争水平 ◎技术水平（如媒体、运输、网络环境）	◎对零售方式的偏好 ◎人口结构和发展趋势 ◎官方语言	◎期望的区域或地点是否可以获得 ◎租赁/购买条款 ◎运输设施的水平	◎人力资本的可得性和质量

（续表）

组织因素	消费者因素	商店位置因素	运营因素
◎政府的约束 ◎标准化方法的要求	◎收入水平和收入分配情况 ◎文化教育水平 ◎思想价值观以及生活方式	◎营业时间 ◎店内布局设计 ◎店内的购物氛围	◎适宜的管理风格 ◎设施设备（如空调的可得性） ◎预期的失窃率
商品因素	**价格因素**	**形象以及促销因素**	
◎商品类别的宽度以及深度 ◎商品的质量 ◎商品的创新程度 ◎供货商的可得性 ◎供货商的能力 ◎存货控制能力	◎市场价格水平 ◎价格制定以及价格谈判的应用 ◎典型的支付方式	◎内部装潢的美观程度 ◎商品展示的合理性 ◎广告布置水平 ◎个人促销活动	

组织因素、消费者因素、商店位置因素、运营因素、商品因素、价格因素、形象以及促销因素对零售运营都有很大的影响，我们不能只看一个因素而不考虑其他。因为，零售企业既包括规模极小的个体零售店，也包括沃尔玛式的巨无霸型零售连锁店。每一种形态的零售企业对应了不同的市场环境，必须制定差异化的发展战略。只有综合考虑上面表格中的各个具体因素，才能找准自家零售企业在市场中的定位。这是运营好零售企业的基本前提。

零售新手的课外练习

调查你家周边的零售连锁店分布情况

要求：以你家为中心搜索周边距离最近的五家不同品牌的零售连锁店，记下它们的名称，了解其主要经营范围，并统计从你家到每一家零售店的距离。

商店名称	主要经营范围	从你家到商店的距离

零售商的类型

1. 什么是零售商?

2. 为什么说零售商是分销渠道中的最后一个企业环节?

1. 零售商的定义和分类

零售商指的是向消费者出售商品或服务以供个人或家庭使用的企业。商品的分销渠道始于生产而终于零售，主要由制造商、批发商、零售商、最终消费者四个环节构成。有些生产商会通过专卖店的形式直接把商品卖给最终消费者，但更多时候，生产商会以批发的形式将自己制造的产品卖给批发商或零售商。批发商与零售商的作用有重合的地方，但零售商主要面向最终消费者，而批发商的主要交易对象是零售商。

按照国际通例，零售商主要分为以下几种类型：

◎超级市场——俗称“超市”，即销售有限种类商品的特价零食零售商。

◎特大购物中心——能提供种类繁多的杂货和日常用品的零售店，店面十分庞大，且能为顾客带来一站式服务的体验。

◎仓储会员店——主要为最终消费者和小企业提供有限的、零散分类的食品和日用品，服务项目比较少，但服务价格低。

◎便利店——可以让顾客快速购物的杂货零售店，地理位置交通方便，店面较小，商品种类少，但销量大，每天都要进货。

◎专卖店——销售的商品种类较为单一，店面较小，但服务水平较高，品牌特色鲜明。

◎百货商店——主要特征是购物环境好、商品种类齐全、服务周到，类似于多种专卖店的混合体。

◎全线折扣商店——商品种类非常丰富、价格低廉，但商品通常不是很高档、时尚，服务较少。

◎网上商铺——所有的交易在互联网购物平台上完成，是最重要的非店面零售商。

◎目录零售商——顾客通过销售目录来了解商品的一种非店面零售商。

◎直邮零售商——定期向顾客邮寄种类繁多的商品目录来促成交易的零售商。

◎自动贩卖机——通过顾客投入现金或刷卡、扫描支付的方式来从机器中换取商品或服务的非店面销售渠道，新兴的无人便利店可以视为其升级版。

零售冷知识

沃尔玛的单身购物活动

在德国，沃尔玛推出了“单身购物夜”活动，这是一种非常有效的促销方式。此举既增加了商店的客流量，又提高了销售额。德国多特蒙德商店在两位工人的建议下于1993年秋开展了首次单身购物活动。两位提议者认为，提供单身购物活动可以给那些认为蹦迪太过时、网上约会又太前卫的商店单身面包师提供娱乐消遣。此后，位于乌帕塔尔的沃尔玛驻德国总部，决定于次年2月13日在全国范围内尝试单身购物活动。德国有91家大型商场几乎每周都有一次单身购物活动，小型商场大概一个月一次。该活动在德国取得了异常好的效果，周五晚上的销售额因此增加了25%，沃尔玛也因此将“单身购物”这一名称注册了商标，以防其他竞争者也采用这一名称。

2. 零售商的四大基本职能

零售商在社会运行中拥有四个基本职能：

（1）提供多样化的商品和服务

不同的零售店出售的商品在种类、款式、性能、价格等方面有很大差异，能满足市场上不同层次的顾客需求。一个超级市场往往包含了数百家公司的成千上万种商品，所以每天都会有大量消费者进超市采购。

（2）拆售大宗商品

生产商凭借流水生产线进行大批量的生产，但最终消费者往往只需要小批量的商品，单个顾客的需求量很少。因此，生产商和批发商为了减少运输成本，会整箱、整车、整船地输送商品给零售商。零售商再把批发而来的商品拆分成小件，以便满足顾客的小规模需求。

（3）保持库存

消费者很少在家里大量囤货，他们随时都可以采购新的所需物品。零售商平时都保持了一定的商品库存，以求满足日常供应，相当于帮广大消费者保存货物。

（4）提供服务

有了零售商这个环节，消费者在购物时就能得到更多的便利。而零售店陈列的商品，也能让消费者了解更多具体信息，为购物决策提供充分的依据。

零售新手的课外练习

调查你家周边的服装店

要求：以你家为中心搜索周边的五家服装店，记下它们的名称，了解其主要售卖的服装类型以及销量最好的服装品牌，并观察每一家服装店一天内的客流量有多大。

商店名称	产品种类	热销产品品牌	一天的客流量

零售业存在的意义

1. 零售业对国民经济发展有何意义？
2. 零售业会给人们带来哪些发展机遇？

1. 零售业的社会经济意义

一个地方的经济是否繁荣，当地零售店的客流量是一个十分直观的体现。假如零售店门可罗雀，表明当地经济不景气，若是生意兴隆则说明当地百业兴旺。除了维持社会最基本的日常生活需求之外，零售行业对促进就业有着很大的影响。相对而言，零售工作的门槛比较低，可以吸收大量农村剩余劳动力和低学历劳动者。高学历劳动者也能在零售行业里找到自己的发展出路。

商务部发布的《中国零售行业发展报告（2016/2017年）》称："据商务部典型零售企业统计数据测算，截至2016年底，我国零售业从业人员共有5709.72万人，比上年同期增长4.8%。其中，法人企业单位从业人员为1736.17万人，同比增长7.9%，占行业总就业人数比重为30.4%，比上年增加0.9个百分点；个体工商户数量为3973.55万人，同比增长3.5%。"

可以说，繁荣的零售业不仅利于国家经济发展，也是维持社会稳定的重要力量。

零售冷知识

"搜寻那只狗"寻宝活动

"搜寻那只狗"寻宝活动是沃尔玛和水宝宝防晒用品的一个合作营销计划。该活动筹备了3个月，活动当天，沃尔玛的接待员戴着"搜寻那只狗"的徽章，给孩子和他们的家长分发游戏卡片。这些游戏卡片描述寻宝游戏的规则，并鼓励顾客在商品的不同区域寻找线索——主要是防晒用品区、草坪和花园用品区、宠物食品区。这些卡片同时为水宝宝的新产品（免费的喷雾剂）促销，并提供价值2美元的沃尔玛产品优惠券。每个区域里的货架产品说明上都为答案提供了线索。把三个线索全部找到后，顾客把游戏卡片丢进寻宝活动中心的一个开口大圆球内即可。这次的联合促销活动有将近2500家商店参加，发放的奖品多达120万份，这让沃尔玛的多类产品销售额迅速上升，光是水宝宝防晒霜的销量就增长了6%。

2. 零售业中的创业机会

由于做零售的门槛比较低，很多人并不觉得零售是个有面子的好工作，而且相对而言，零售企业的普通员工在收入水平上低于金融、IT等高收入行业，但在制度规范、传承有序的大型零售集团中依然有发展机遇。

2017年世界500强排行第一的恰恰是全球最大的零售商沃尔玛。沃尔玛凭借4858.73亿美元的营业收入和136.43亿美元的利润再次蝉联世界知名企业冠军。排在第二位的中国国家电网公司的营业收入仅为3151.986亿美元，利润为95.713亿美元，跟沃尔玛比还有不小的差距。由此可见，零售商并不是毫无前途的低端产业。由于零售行业对应了社会最基本的刚性需求，零售企业的管理人员通过经营实体门店和互联网等零售渠道，同样可以开创一番事业。

零售新手的课外练习

调查你家周边的电器商店

要求：以你家为中心搜索周边的五家电器商店，记下它们的名称，了解其主要售卖的电器种类以及销量最好的电器品牌，观察每一家商店一天内的客流量有多大。

商店名称	产品种类	热销产品品牌	一天的客流量

我国零售业的整体发展情况

1. 我国零售业经营单位在2016年底的数量是多少？
2. 截至2016年底，我国零售业从业人员共有多少万人？

零售商的发展与国民经济形势息息相关。无论是创办新的零售品牌，还是扩大现有零售品牌的营销网络，都应该对我国的零售行业的整体发展情况有所了解。

1. 我国零售行业在2016年的整体发展概况

根据商务部发布的《中国零售行业发展报告（2016/2017年）》，我国零售行业在2016年的整体发展具有以下特点：

（1）零售业经营单位数量有所增长

根据商务部的统计数据，截至2016年底，我国零售业经营单位共有1811.91万个，同比增长5.2%。其中包括244.83万个法人企业单位，同比增长28%，占全部经营单位比重为13.5%，比上年提升2.4个百分点；个体工商户数量1567.08万个，同比增长2.4%，占全部经营单位比重为86.5%。总体来看，零售业经营单位的数量保持了上一年的小幅度增长态势，法人企业的数量增长速度很快，个体工商户的增长速度较为缓慢。

（2）商品零售额增速继续下降

由于我国经济发展进入新常态，经济增长速度逐渐放缓，商品零售额一直在逐年下降，从2010年到2015年累计下降7.9个百分点。2016年我国商品零售额为296 518亿元，同比增长10.4%，增速比上年下降了0.2个百分点，但是降幅比上年收窄了1.4个百分点。这与零售企业的转型升级有很大关系。总体来看，商品零售额增长缓中趋稳，限额以上大中型法人企业销售额增长加快。其中，限额以上大中型法人企业销售额为9.15万亿元，增速比上年提高1.5个百分点。尽管我国商品零售额增速继续下降，但在全球依然处于较高水平，比美国零售额增长高出7.5个百分点，比日本高出11个百分点，比欧盟高出7.6个百分点。

（3）大型零售企业的销售额的增长状况出现好转

我国大型零售企业的销售额增速从2011年开始持续放缓，在2014—2015年甚至出现负增长的现象。但进入2016年后，大型零售企业销售额的增长情况已经出现好转，尤其是在下半年。虽然全国百家重点大型零售企业销售额的零售额同比下降0.5%，但下半年的7月、9月、11月、12月的零售额同比为正增长。其中，9月、11月、12月增速均比上年同期更高。

零售冷知识

海尔天猫旗舰店曾经五次蝉联单店大家电销售冠军

海尔天猫旗舰店从2016年开始推出以“搞定智潮生活”为主题的“双11”狂欢活动。这个营销主题符合年轻人对智能新潮生活方式的向往。海尔天猫旗舰店通过诚意满满的福利赢得了无数热衷于网购与智能产品的年轻人，因而海尔的大家电产品在“双11”期间大受追捧。据媒体报道：“（2016年）11月11日零点钟声敲响后，海尔就呈现出强劲的增长势头。仅用6分钟销售额就突破1亿元，17分钟突破2亿元，79分钟就冲破了5亿元大关，最终第五次蝉联天猫单店大家电销售冠军，充分彰显出行业第一品牌的过硬实力。”

2. 我国零售业在2016年的主要业态情况

（1）实体零售转型升级加快并出现阵痛

近年来，我国零售行业存在同质化竞争严重、互联网零售分流和消费需求深刻变化等不利形势，实体零售转型升级的步伐不断加快，随之而来的是转型过程中的阵痛，不同类型的零售店增速出现了分化。

据商务部重点流通企业监测数据，2016年的便利店销售额增速为7.7%，购物中心销售额增速为7.4%，超市销售额增速为6.7%，增长速度较快；专卖店的销售额增速为3.1%，比上年提高2.8个百分点，百货商店销售额增速为1.3%，较上年下降2.1个百分点，增长速度较慢。

（2）网络零售平稳增长、全面提高

相对于实体零售，我国网络零售在近年来增长速度缓中趋稳，网络零售企业的竞争也转入存量开发的阶段，在发展质量、服务水平以及购物体验等方面均有所提高。

根据商务部发布的数据，我国2016年的网络零售额达5 1556亿元，同比增长26.2%，但增速比上年降低7.1个百分点。其中，实物商品的网上零售额达到了4 1944亿元，增长25.6%，增速比上年降低6个百分点，占社会消费品零售总额的比重达到了12.6%。

零售冷知识

商店里的好时段与差时段

零售店里的时间有好时段和差时段之分。这里的好时段不是指客流量最大的时段，而是顾客购物的时间。差时段不是指客流量最小的时段，而是顾客被迫等候的时间。顾客对商店服务是否满意的主要标准就是等待时间的长短。他

们最不希望碰上排长队的情况。所以，零售商应该想办法延长好时段，缩短差时段。假如没法改变顾客的排队时长，那么通过交流等方式可以改变他们对时间的感受。无论实际等待时间多长，都要设法让顾客感觉时间过得很快。

3. 我国零售企业在2016年的经营效益情况

（1）零售企业整体资产负债率分析

根据商务部发布的数据，我国零售业限额以上大中型法人企业在2016年底的资产总额达到了4.53万亿元，总资产增长率为4.3%；负债总额达到了3.27万亿元，比上年增长3.6%；净资产多达1.25万亿元，比上年增长6.1%；资产负债率达到了72.3%，比上年下降了0.5个百分点。其中，流动资产为3.01万亿元，同比增长4.8%，占资产总额的66.6%；固定资产为1.53万亿元，同比增长4.1%，占资产总额的33.4%。

（2）零售企业的盈利能力基本保持稳定

据商务部测算，2016年零售业限额以上大中型法人企业主营业务利润达到了8900亿元，比上年增长3.4%；营业利润达到了1580亿元，比上年增长2.6%；利润总额达到了1650亿元，比上年增长3.8%。营业利润在利润总额中占比为95.8%，比上年降低1.1个百分点。也就是说，零售企业利润规模在2016年有小幅度增长，利润总额的增速高于主营业务利润和营业利润的增速。营业利润在利润总额中的比重略有下降，零售企业的盈利能力基本保持稳定。

（3）企业人工成本上涨较快

由于国家出台了相关的降低成本措施，零售企业成本水平总体平稳，商品采购成本和三项费用的增速低于同期销售额。不过，人工成本上涨较快，增速高于同期销售额。据商务部典型零售企业统计数据测算，2016年零售业限额以上大中型法人企业，商品采购成本达到了7 7980亿元，比上年增长2%，增速比企业销售额低0.7个百分点；营业费用、管理费用、财务费用合计达到了8400亿元，比上年增长1.8%，增速比企业销售额低0.9个百分点；工资总额达到了2870亿元，比上年增长4%，增速比企业销售额高1.3个百分点。

此外，《中国零售行业发展报告（2016/2017年）》称：“（2016年中国）商品购进额与企业销售额的比率为85.2%，每100元企业销售额中包含的商品采购成本为85.2元，比上年降低0.57元；三项费用与企业销售额的比率为9.18%，每100元企业销售额中包含的营业费用、管理费用、财务费用合计为9.18元，比上年降低0.08元；工资总额与企业销售额的比率为3.14%，每100元企业销售额中包含的人工成本为3.14元，比上年提高0.04元。”

（4）零售行业劳动效率实现正增长，但仍有较大的提升空间

2016年零售业人均劳效（商品零售额与零售业全部从业人员的比率）为51.9万元/人，比上年增长5.4%。虽然零售行业劳动效率实现了正增长，但增速比同期全国全员劳动生产率低1个百分点，比同期全国居民人均可支配收入低3个百分点。可见零售行业人员效率仍有较大提升空间。

零售冷知识

收银台拥挤不代表店内拥挤

大多数零售店的收银台都设在出口，顾客看到收银台前的队伍排成长龙时往往认为店内也拥挤不堪。实际上，收银台的拥挤程度一般不能反映零售店内其他地方的顾客多少。因为，收银台的交易速度较慢时也会出现顾客排长队的现象，给人造成店内很拥挤的错觉。假如你在收银台前人多时依然进商店里面看看，说不定会发现里面的人并不多，活动空间很宽松。

4. 我国零售行业的转型升级趋势

（1）实体店数字化程度提高

根据中国互联网络信息中心数据，截至2016年12月，我国已经有45.3%的企业开展在线销售，比上年提高12.7个百分点。实体门店数字化成为零售企业整合线上线下资源、提高运营效率的主要手段。比如，在2016年“双11”

期间，天猫网上商城有100多万家店铺实现了线上线下商品通、服务通、会员通。在天猫的协助下，家居装饰和生鲜等领域的6万家线下门店已经完成了全面电子化转型。"线下体验、线上下单""线上下单、门店提货"和"门店下单、仓库配送"等新型零售模式，正在迅速向全国普及。

（2）零售商品结构发生变化

据国家统计局提供的数据，2016年限额以上企业建筑及装潢材料的增速为14.0%，家具零售额增速为12.7%，居住类商品消费有所增长；体育娱乐用品增速为13.9%，中西药品零售额增速为12.0%。据工信和信息化部提供的数据，全国智能手机在2016年的销售量高达5.2亿部，同比增长14.0%，智能手机市场占有率为93.2%。据阿里研究院提供的数据，2016年"双11"当天，绿色产品销售额同比增长40.2%，购买人数同比增长31.3%。以上数据表明，随着人们的收入水平提高，发展型商品、享受型商品、环保商品的消费水平越来越高，我国零售业商品结构在进一步升级。

（3）品牌连锁经营整体发展较快

据中国连锁经营协会数据，2016年连锁百强零售企业门店总数达11.4万个，同比增长5.9%；商品销售额为2.1万亿元，同比增长3.5%，占社会消费品零售总额的比重为6.4%；连锁便利店品牌超过260个，门店数达9.8万家，同比增长9%；销售额达1334亿元，同比增长9%；单店日均销售额达3714元，同比增长4%。总体来看，连锁门店的总数处于平稳增长状态，销售总额也在稳步上升，连锁品牌化便利店扩张较快。

（4）支付方式更加多元高效

《中国零售行业发展报告（2016/2017年）》称："据中国人民银行数据，2016年全国共发生银行卡消费业务383.29亿笔，金额为56.50万亿元，同比分别增长32.03%和2.72%，银行卡渗透率达到48.47%，比上年提高0.51个百分点。全国银行卡卡均消费金额为9593元，同比下降5.08%；笔均消费金额为1474元，同比下降22.17%，降幅比上年增长10.47个百分点。"

消费者在2016年的支付方式更加灵活多样，银行卡消费支付呈现出"小额多次”的特征，支付宝和微信等移动支付也在实体门店迅速普及。根据中国互联网络信息中心最新的调查数据，有50.3%的消费者在实体店购物结算时使用手机支付，农村地区也有31.7%的消费者采取这种支付方式。

5. 我国零售业在2016年对社会的贡献

（1）吸纳就业人数稳定增长

根据国家统计局数据和商务部典型零售企业统计数据测算，2016年末全国就业人员共有77 603万人，零售业从业人员多达5709.72万人，比上年同期增长4.8%。其中，法人企业单位从业人员为1736.17万人，同比增长7.9%；个体工商户数量为3973.55万人，同比增长3.5%。总体而言，零售业从业人数已经占全国总就业人口的7.4%，比上年提高0.4个百分点。

（2）应交税金有所减少，但对国家财政贡献突出

在我国全面推行“营改增”的背景下，零售企业税收负担整体下降。2016年零售行业限额以上大中型法人企业应交税金1660亿元，比上年减少1.2%；限额以上大中型法人企业应交税金与其销售额的比率为1.8%，比上年降低0.1个百分点。“减税降费”的政策导向使得零售行业在2016年缴纳的税金同比有所减少。尽管如此，这笔税金的绝对数量仍然较大，为国家财政收入做出了突出的贡献。

总之，我国零售业在某些方面有所减退，但大部分领域处于稳步增长阶段，总体上依然保持着良好的发展势头。在全球经济不景气、零售业受到冲击的背景下，我国零售市场仍有较大的发展空间和机遇。

零售新手的课外练习

调查你家周边的体育用品商店

要求：以你家为中心搜索周边的五家体育用品商店，记下它们的名称，了

解其主要售卖的体育用品种类以及销量最好的体育用品品牌，观察每一家商店一天内的客流量有多大。

商店名称	产品种类	热销产品品牌	一天的客流量

拓展阅读：全球第一大零售商沃尔玛

1962年，44岁的零售商人山姆·沃尔顿在美国阿肯色州成立了世界上第一家沃尔玛折扣百货店，并在第一年就实现了70亿美元的营业额。1969年10月31日，山姆·沃尔顿在原先的折扣百货商店的基础上成立了沃尔玛百货有限公司。他在1985年被《福布斯》杂志评选为美国首富。

经过几十年的发展，沃尔玛集团已经成为全球最大的零售商，2015年时员工总数就多达230万人。它在全球27个国家开设了超过10 000家商场，下设69个品牌，主要有沃尔玛购物广场、山姆会员店、沃尔玛商店、沃尔玛社区店四种营业方式。

沃尔玛在2016年以高达4 821亿美元的营业收入再次获得《财富》杂志世界500强排行榜的第一名。自从2014年以来，沃尔玛已经蝉联三届冠军。这家知名企业曾经在2004年度世界50家最受尊敬公司排行榜中位居榜首（2016年度排在第42位），曾经被多个国家评为“最受赞赏的企业”之一。

接下来，让我们通过沃尔玛文件中的数据来感受一下这个庞然大物的发展速度：

“沃尔玛国际”销售额（1995—2010年）

年份	销售额（单位：亿美元）	年份	销售额（单位：亿美元）
1995	37.12	2003	475.72
1996	50.02	2004	562.77

（续表）

年份	销售额（单位：亿美元）	年份	销售额（单位：亿美元）
1997	75.17	2005	627.19
1998	122.47	2006	768.83
1999	227.28	2007	904.21
2000	321	2008	986.45
2001	354.85	2009	1001.07
2002	407.94	2010	1092.32

对沃尔玛依赖度最高的十大供货商（2011年）

供货商	产品种类	在沃尔玛的销售额占其销售额的百分比
DAC技术集团	枪支配件	55.0%
爱默生无线电设备	家用电器	53.0%
CPI公司	摄影工作室	52.0%
Tandy Brands	腰带及配饰	47.0%
CCA Industries	美容保健产品	45.0%
Crown Craft	婴幼儿产品	43.0%
HBB（Nacco Industries）	厨具、小型家电	36.0%
R.G Barry	拖鞋及其他鞋类	38.0%
德尔蒙特食品公司	罐装食品及宠物食品	35.0%
狮门影业	电影及DVD	35.0%

（数据来源：美国证券交易会文件，2010—2011年）

2010年增长速度最快的沃尔玛供应商

供应商	产品种类	在沃尔玛卖场里的销售额涨幅率
Iconix公司	服装	1012%
Smucker公司	杂货店商品	146%
Activision公司	娱乐软件	122%
Ralcorp公司	杂货店商品	121%
速汇金国际有限公司（美国）	金融服务	114%
Smart Balance公司	杂货店商品	106%
美国意大利面公司	杂货店商品	72%
Coinstar公司	售货亭商品	67%
MAIDENFORM品牌公司	服装	60%
Demand Tec公司	消费者需求的软件	58%

（数据来源：美国证券交易会文件）

某些著名企业在2008—2010年通过沃尔玛所增加的销售额

供应商	产品种类	2008—2010年增加的销售额（单位：亿美元）
McLane公司	杂货店商品	10.32
百事可乐公司	杂货店商品	8.83
卡夫食品公司	杂货店商品	8.76
Smucker公司	杂货店商品	7.38
通用磨坊公司	杂货店商品	5.97
康尼格拉公司	杂货店商品	4.87
Hershey公司	杂货店商品	4.77
Ralcorp公司	杂货店商品	4.04

（续表）

供应商	产品种类	2008—2010年增加的销售额（单位：亿美元）
Kellogg公司	杂货店商品	4.04
保洁公司	杂货店商品	3.83

（数据来源：美国证券交易会文件）

十大供应商在沃尔玛的销售数据

供应商	销售额（单位：亿美元）	在沃尔玛的销售比重	2006—2010年在沃尔玛的销售额（单位：亿美元）
宝洁公司	789.38	16%	126.3
McLane公司	326.87	30%	98.06
百事可乐公司	578.38	12%	69.41
卡夫食品公司	492.07	14%	68.89
泰森食品公司	284.3	13%	38.1
通用磨坊公司	147.97	23%	34.03
Kellogg公司	123.97	21%	26.03
金佰利克拉克公司	197.46	13%	25.67
康尼格拉公司	120.79	18%	21.74
迪安食品公司	111.58	19%	21.31

（数据来源：美国证券交易会文件）

PART TWO

零售业的发展战略规划

零售战略是指导零售商整体经营规划或营销活动的纲领。这个纲领的内容应该涵盖零售商的企业使命、发展目标、潜在顾客、公司运营计划以及具有可操作性的行动方案。零售战略对零售企业的建设具有不容忽视的指导意义，它的有效时间应该长达一年以上，而不能是隔几个月就推翻的临时政策。不同类型的零售企业，有着不同的发展目标，所以在战略规划上不能一刀切。假如没有一个比较系统的综合性战略规划，零售商根本无法有效应对变幻莫测的市场。

瞄准目标市场

1. 什么是零售商的目标市场?
2. 零售市场可以分为哪些类型?

1. 零售目标市场的概念和类型

零售商制定零售战略的目的，就是满足目标市场的需求。目标市场指的是以零售商集中其资源和零售组合为目的的细分市场。通过对比地理位置、人口规模和结构、经济水平、交通条件、资源条件、基础设施建设水平等方面，宏观的市场可以分解为很多个细分的目标市场。零售商不可能以单一的经营模式满足所有的细分市场，故而要选择某些有发展潜力的细分市场作为开发目标。

根据顾客的地理位置、人口统计数据、生活方式、购买情境、消费偏好等特征的差异，我们可以把目标市场分为三个类型：

◎保守市场——消费者不在意商品或服务是否时尚。

◎传统市场——消费者喜欢经典的老款商品。

◎前卫市场——消费者只购买最新款式的商品。

无论哪一类市场，都可能存在多个零售商与多种类型的零售店。根据企业自身的发展需要来选择目标市场，是把零售品牌做大做强的关键。

零售冷知识

下一个10亿潜在消费者

美国行业分析师大卫·迪恩把家庭月收入63～700美元的人视为“下一个10亿潜在消费者”。这个观点与许多营销专家和企业家的观点大相径庭。因为，他们通常认为，全世界年生活费低于3000美元的40亿人口构成的“穷人”消费市场毫无价值。大卫·迪恩力主开发“下一个10亿潜在消费者”，也就是跟众多营销专家眼中的“穷人”做生意。这些消费者主要分布在印度、中国、非洲、菲律宾等国家及地区。跟他们做零售生意时，得转换思路，不能再从发达国家中产阶级消费者的角度看问题。

2. 零售商进军市场的常见方式

在正式进军市场前，我们应该遵循以下五个步骤进行筹备工作：

◎确定目标市场的选择方法。

◎选择特定的目标市场。

◎研究目标市场的特征、当地消费群体的需求和购物习惯。

◎根据商品种类来调查当地顾客做购物决策的方法。

◎围绕选定的目标市场制定因地制宜的零售战略组合。

做好上述准备工作后，零售商可以用以下三种方式进军目标市场：

◎自营——在当地市场直接设置分店，再围绕分店建设基础设施和供应链。

◎合资——与当地企业合作经营，共同成立一个合资企业，然后根据市场形势来判断是该追加股份掌握合资企业的主导权，还是撤资离开市场。

◎收购——对当地市场的零售企业进行全部或部分收购，将其作为集团下的子品牌继续运营。

这三种进军目标市场的方式各有优缺点，没有绝对的最佳方案，需要决策者具体问题具体分析，以免错失良机或误入泥潭。

零售新手的课外练习

调查你家周边的食品饮料商店

要求：以你家为中心搜索周边的五家食品饮料商店，记下它们的名称，了解其主要售卖的饮料食品种类以及销量最好的饮料食品品牌，观察每一家商店一天内的客流量有多大。

商店名称	产品种类	热销产品品牌	一天的客流量

分析发展形势，明确管理任务

1. 怎样分析零售企业的发展形势？
2. 零售企业主要有哪些管理任务？

1. 分析发展形势的切入点

对于即将开业或已经开业的零售商来说，分析发展形势是做好战略规划的必要前提。无论你是雄心勃勃地想打造一个优秀的零售品牌，还是只想做小本生意，都要对自己的能力和发展前景做出诚实而深入的自我评估。我们应该从以下几个方面着手：

（1）明确组织使命

确定组织使命是零售商必须做出的一项重大决策。你的业务是基于商品和服务种类，还是围绕目标消费者的需求调整，这就需要明确发展方向。此外，你是希望成为市场上的领头羊，还是做普通的追随者，也是必须考虑的问题。

（2）选择所有权和管理模式

零售商可以是个人所有制企业，也可以是合伙制企业或公司制企业。零售商的发展方式包括设置新分店、收购现有商店、成为某个品牌的特许加盟店等。每一种模式都有利有弊，你需要结合自身情况做出取舍。

（3）评估个人能力

你对相关行业是否喜爱和了解，是否具备足够的学历水平，是否具备相关行业的零售经验，能否准确把握市场动态，能否管理好一个团队，这些都制约着零售店的发展水平。

（4）规划所需的财务资源

土地和建筑物、固定设施、办公设备、工作人员、商品存货等都是办零售企业必须花钱的项目，你是否已经准备好了充足的资金？假如资金短缺，你打算用什么方式来获取资金？这些都是要慎重考虑的问题。

（5）做好时间规划

了解自己所售产品的特点，设计合理的营业时间，明确销售淡季和旺季，以及销售活动的周期，这些对零售企业的运营也十分重要。

零售冷知识

美国主要家庭购物者每月必去的零售商店

美国79%的主要家庭购物者每月必去超市，60%的人每月必去折扣百货商店/超级中心，60%的人每月必去能量中心，56%的人每月必去药店，42%的人每月必浏览在线购物网站，36%的人每月必去当地的邻里食品店，31%的人每月必去家居装修中心/五金商店，30%的人每月必去区域性的商场，27%的人每月必去会员俱乐部，17%的人每月必去深度折扣食品店，16%的人每月必去服装店，15%的人每月必去传统百货商店，14%的人每月必去消费类电子产品店，8%的人每月必去闹市购物区。

（数据摘自《零售管理》第11版）

2. 零售企业需要执行的管理任务

战略管理任务	商品管理任务	门店管理任务	运营管理任务
◎制定零售战略 ◎确定目标市场 ◎选择合适的零售业态 ◎设计企业的组织结构 ◎选择开店地址	◎采购任务 挑选供应商 评估供应商 跟供应商谈判 订购货物 ◎控制商品存货 建立预算计划 向分店分配商品 查看采购限额 查看库存情况 ◎定价 确定初始价格 调整价格	◎招聘、雇用和培训店员 ◎制订工作计划 ◎评估店员的销售业绩 ◎维护店内设施 ◎商品的定位 ◎设计商品陈列方式 ◎向顾客出售商品 ◎修理或者更换商品 ◎提供送货和礼品包装之类的服务 ◎处理顾客投诉 ◎进行实地盘存 ◎预防存货损耗	◎促销企业的商品与服务 制定促销方案 确定营销预算 选择媒体 计划特别促销 设计特别展示 管理公共关系 ◎人力资源管理 制定员工规章 招聘和培训员工 设计职业生涯 保存员工记录 选拔管理干部 ◎配送商品 选择仓库位置 接收商品 给商品打上标签 储存商品 向分店发货 向供应商退货 ◎财务管理 及时提供财务信息 预测销售额 预测现金流 预测利润 募集运营资金 为顾客开账单 提供信用消费

零售新手的课外练习

调查你家周边200米内的保健品商店

要求：以你家为中心搜索周边200米内的五家保健品商店，记下它们的名称，了解其主要售卖的保健品种类以及销量最好的保健品品牌，观察每一家商店一天内的客流量有多大。

商店名称	产品种类	热销产品品牌	一天的客流量

识别顾客的特征和需求

1. 顾客的趋同性表现在哪里？
2. 顾客的生活方式会受到哪些因素的影响？

1. 顾客的趋同性与营销策略

目标市场是由零售商希望争取的目标消费群体构成的。在这个群体中，无论男女老少都有着相同的品位、喜好与特征，即表现出明显的趋同性。趋同性的存在对零售商无疑是一个好消息，因为这意味着大量有同样消费需求的人能汇聚成一个较大规模的市场，为零售商贡献稳定的客流量与财源。

由于目标消费群体的特征各异，零售商会选择不同的营销策略来满足自己的顾客。通常而言，大部分零售商采取的是大众营销策略，向范围广泛的顾客提供商品或服务。有的零售商立足于开发一个规模有限的细分目标市场，于是采取集中营销策略。有的零售商拥有两个以上的细分目标市场，为了精准地满足各个目标消费群体的需求，采用了差异化营销的战略。

为了更好地服务目标消费群体，我们必须认真识别顾客的特征与需求，以便制定合理的策略。

零售冷知识

学习型男性顾客

在购买某些特定的物品时，男人也会让女人觉得惭愧。我们调查过一家商场：接受访问的男人中有17%每周到这个商场的次数超过一次；大约1/4的男人称外出时并没有打算去商场购物，仅仅是出于好奇，后来还是去了。当然，这个调查结果可能与这是一家计算机商店有关。……很多顾客到商店只是为了了解信息，从录像带中我们发现很多男人在专心阅读软件包装和其他宣传材料，这家店是男人买软件的地方，也是他们学习的地方。这再次表明了男人购物的另一个特征：就像他们不喜欢问店员方向类问题一样，男人喜欢自己从文字材料、宣传视频或计算机屏幕上获取第一手信息。

——美国消费行为学专家帕科·昂德希尔

2. 影响顾客特征的各种因素

（1）人口统计特征

人口统计特征指的是性别、年龄、籍贯、民族、职业、受教育程度、语言、家庭状况、婚姻状况、收入水平、居住地等内容。这些因素构成了目标顾客群体最基本的特征。

（2）生活方式

顾客的生活方式包括文化价值观、所处的社会阶层、向往的生活方式、家庭生命周期、日常时间分配方式、主要人际关系等因素。

（3）欲望与需求

包括顾客需要什么样的商品或服务，喜欢什么样的营业时间，对价格有何要求，对购物环境有何要求，对路程长短有何要求，有什么特殊的个人要求，等等。这些都是零售商制定促销方案的依据。

（4）购买态度与购买行为

顾客是否喜欢购物，对购物时间的忍耐限度，对零售商和品牌的认同感，以及做购物决策的过程，直接左右了他们的购买行为。

（5）零售商行为

零售商采用的促销战略是否合理，对购物环境的设计与装饰是否吸引人，是否能为顾客提供良好的服务，都会影响顾客的购买态度和购买行为。

（6）环境因素

国家经济状况、通货膨胀率、购物地点的基础设施状况、购物地点的交通条件、当地的治安水平、零售商之间的价格大战、零售新业态的出现、政府对相关环境的临时管制、社会舆论风向的变化，都会让顾客形成不同的特征。

零售新手的课外练习

调查你家周边的皮革制品商店

要求：以你家为中心搜索周边的五家皮革制品商店，记下它们的名称，了解其主要售卖的皮革制品种类以及销量最好的皮革制品品牌，观察每一家商店一天内的客流量有多大。

商店名称	产品种类	热销产品品牌	一天的客流量

构建合理的组织架构

1. 构建零售组织的时候应该考虑哪些因素?
2. 零售组织需要执行哪些任务?

1. 影响零售组织构建的因素

我们在设计零售组织结构时，要考虑以下几个方面：

（1）目标市场的需要

◎有没有足够的员工为顾客提供服务?

◎员工是否具备丰富的专业知识和友好的服务态度?

◎店内设施的维护水平如何?

◎分店能否满足顾客的特殊需求?

◎企业能否迅速适应市场的变化?

（2）员工的需要

◎岗位是否具有挑战性，能否给员工带来成就感?

◎企业有没有制订井然有序的晋升计划?

◎员工有没有参与制定决策的机会?

◎沟通渠道是否透明而畅通?

◎权利、责任、义务的划分是否明确而合理?

◎员工是否得到了应有的公平待遇？

◎员工创造的良好业绩是否得到了公司的回报？

（3）管理层的需要

◎企业能否招到能力出众的员工并将其挽留下来？

◎人事制度是否健全透明？

◎每一名员工是否只向一名主管汇报工作？

◎每一位管理者能否有效监督自己的员工？

◎运营部门有没有足够的人手支持？

◎企业的组织层级是否合理？

◎组织计划是否统一？

◎管理者有没有给予员工适当的激励？

◎缺勤率是否较低？

◎有没有合理的人员轮岗制度？

◎组织能否不断适应顾客与环境的变化？

通过回答上述问题，我们在设计组织结构的时候就能有的放矢，避免缺漏，少走弯路。

零售冷知识

号称“机器人经理”的Hyperactive Bob科技公司

食材的日常消耗量大且对保鲜条件要求较高，所以快餐店非常讲究供货的及时性和准确性，务求让供货量跟每日交易量相符，避免供货不足或者浪费食材。做不好这个环节的快餐店很快就会被市场淘汰。Hyperactive Bob科技公司推出的Hyperactive Bob系统通过对摄像机和POS收银机里的数据进行解析，可以帮助快餐店及时了解当前的交易规模，准确地计算出满足门店短期需求的最低食品数量，以及所需的厨师数量。Hyperactive Bob系统甚至可以精确统计各类食物的加工时间，并计算出制作完成的食品何时能送达成品柜。换言之，快餐店的厨房产品管理工作几乎被Hyperactive Bob系统全盘接收。

美国绝大部分快餐店和休闲餐厅都安装了该系统。尽管每套系统的设备成本和安装费约为5000美元，每年的系统升级维护费还要另花3000美元，但Hyperactive Bob系统优化了厨房管理效率，提高了食材的利用效率，减少了不必要的浪费，缩短了顾客等待的时间。总体来看，物有所值。

2. 零售组织需要执行的任务

在构建了组织框架后，我们要确定零售分销渠道中的各种任务。企业组织是为了完成这些任务而存在的。通过对照以下具体任务，你可以检查出组织结构设计中存在的缺陷：

◎为零售商采购商品。

◎向零售商运输商品。

◎验收商品。

◎定价。

◎贴商品标签。

◎存货的储存及管理。

◎准备商品并设计橱窗陈列方式。

◎维护店内设施，保持店面整洁。

◎调查顾客信息。

◎联系顾客，推销商品。

◎创造便利的购物环境（选择最佳店址，提高结账速度）。

◎回访顾客。

◎处理顾客投诉。

◎日常的人事管理。

◎商品的维修与退换。

◎给顾客开账单。

◎开具发票与财务凭证。

◎开展信用业务。

◎包装礼品。

◎送货上门。

◎将未出售或损坏的商品退给供应商。

◎预测销售成果并编制预算。

◎协调各单位、各分店以及各部门的工作。

上述任务，有些是由零售商自己完成的，有些是由供应商与专业第三方服务公司完成的。假如你设计的组织框架中有某一项无人负责执行，就说明这个框架需要重新调整。

零售新手的课外练习

调查你家周边的电脑零配件商店

要求：以你家为中心搜索周边的五家电脑零配件商店，记下它们的名称，了解其主要售卖的电脑零配件种类以及销量最好的电脑零配件品牌，观察每一家商店一天内的客流量有多大。

商店名称	产品种类	热销产品品牌	一天的客流量

打造优秀的零售团队

1. 如何衡量人力资源管理的效果?
2. 招聘零售人员的渠道有哪些?

1. 零售行业团队建设的特殊性

零售行业是为了满足广大居民的日常生活需要而诞生的。由于大多数居民都有自己的工作，购物高峰期通常集中在午餐时间、晚上、周末以及节假日促销活动期间。也就是说，很多企业员工休息的时候，零售业反而需要更多的人力资源。这使得零售团队建设呈现出以下特点:

（1）需要经常招聘兼职人员

为了应付购物高峰期，零售商不得不在全职员工之外大量招聘不同时段的兼职人员。兼职人员对企业的忠诚度较低，管理难度也更大，但他们毕竟也是企业品牌形象的有机组成部分，必须予以重视。

（2）控制成本与提高服务水平存在矛盾

零售行业以薄利多销为谋生手段，控制成本堪称头等大事。所以，零售商通常不会给工作技术含量不高的店员太高的时薪，甚至喜欢招聘那些工作经验不多的人做店员、导购、收银员。这使得零售行业的员工流动率很高，员工的素质也参差不齐，从而给顾客带来不好的购物体验。

（3）员工结构变化多端

销售工作具有很强的普适性，零售店的运营有详细的规章制度可以参照，不算太复杂，各年龄段的劳动者都可以胜任。所以，零售店里往往有还没毕业的大学生、低学历的年轻人、进城找工作的农民工、年龄偏大的大叔大妈，人员构成经常变换。

零售冷知识

宜家家居旧金山新店的“锯木头仪式”

2004年宜家在美国旧金山开了一家新店，时任宜家家居北美CEO的派尼·施皮尔斯–佩洛斯和时任宜家家居旧金山商店经理的吉姆·蒂利为庆祝新店开张举行了一场锯木头仪式。俩人联手拉锯，把一段圆木锯成两截，其他员工一直在周围观看、欢呼、拍照。

此举是为了培养员工的企业文化。宜家支持员工的职业生涯规划，当员工晋升为商店经理时，如果需要接受更多教育，公司会为他们支付相关的学费，比如，某些员工被选拔出来参与类似驾驶铲车的技术培训课程时，宜家管理层会支付费用直到该员工获得资格证书。派尼·施皮尔斯–佩洛斯有句格言：“从我招聘你加入我们开始，我就一直准备好帮助你，直到你不再需要。”

2. 零售团队的基本管理原则

零售团队的建设思路灵活多变，各大零售商都有一套成熟的人力资源管理体系，但团队管理的基本原则殊途同归。无论你怎样打造团队，都不要忽视以下原则：

◎员工的招聘和筛选程序必须能吸引足够多的应聘者。

◎某些培训时间安排不能太长，因为很多员工是临时性的且缺乏工作经验。

◎必须让员工认为报酬是公平的。

◎必须给敬业的员工更多晋升机会。

◎对员工的仪容仪表与工作习惯要做出明确而具体的规定，并且定期检查。

◎让不同背景的员工能和睦相处，减少全职员工与兼职员工的冲突。

◎避免因高离职率或兼职员工比例过高造成的士气低落问题。

◎组织应该关心员工的生活情况。通过轮换岗位、内部晋升、表彰业绩、工作内容丰富化、让员工参与管理等方式来提升员工士气。

◎控制员工迟到、旷工、离职等现象，以免团队风气变得懒散。

◎明确各层级的命令链，让员工明确他们应该向谁汇报工作，以及谁应该向他们汇报工作。这样才能让整个团队从最高职位到最低职位井然有序地分工协作。

◎统一指挥，一个下级只能向一位直接主管报告，以免政出多门，让员工对相互冲突的命令无所适从。

◎一名经理直接指挥的员工数量不能太多，保持精干的队伍。

◎每个特定目标的负责人要获得充分的授权，以便高效率做事。

◎避免组织层级过多，因为那会增加沟通和协调的难度，让团队运转变得低效。

◎在正式组织的内部必然会出现非正式组织，非正式组织在团队运营中的实际作用可能比正式的组织和程序更大。团队管理者应当学会积极笼络非正式组织。

3. 零售企业人力资源管理的发展趋势

未来的零售店人力资源管理主要有以下三个趋势：

（1）管理多元化

零售团队的人口结构本来就比较多变，跨国零售集团的员工队伍更加复杂，再加上市场的进一步细分对零售团队的专业化要求更高，未来的零售企业人力资源管理会发展为更加多元化的复杂体系。

（2）法律法规趋于复杂化

随着法制社会的不断进步，零售从业人员在平等雇佣机会、休假、劳动保护、安全健康、性骚扰问题、员工隐私、劳资关系等方面的法律法规会变得更加复杂而健全。

（3）高科技的影响

大数据技术和智能机器人在未来的应用将越来越广泛，这一方面减轻了零售团队的负担，也势必会让零售企业获得更多的裁员余地。

零售新手的课外练习

调查你家周边的家居用品商店

要求：以你家为中心搜索周边的五家家居用品商店，记下它们的名称，了解其主要售卖的家居用品种类以及销量最好的家居用品品牌，观察每一家商店一天内的客流量有多大。

商店名称	产品种类	热销产品品牌	一天的客流量

财务管理是运营的关键

1．零售商的损益表主要包括哪些内容？
2．零售商的战略利润模型包含哪些内容？

1．零售商财务管理的几个重点

财务管理是零售企业运营管理的核心，我们要注意以下几个方面：

（1）损益表（利润表）

损益表是对零售商在特定周期内的收入与支出情况做出的总结，通常按月、季度或年来编制，主要包括以下内容：

◎销售净收入——既定时期内的收入扣除顾客退货、降价及折扣后的收入。

◎商品销售成本——在既定时期内完成销售目标所支付的费用，相当于购入成本加运费再减去所有的折扣。

◎毛利润率/边际贡献——销售净收入与商品销售成本的差额。

◎营业费用——做零售业务的经营开支。

◎税金——上缴给国家的税。

◎税后利润率——扣除应缴税款和所有成本后的净利润。

（2）资产管理（资产负债表）

资产负债表显示了零售商在特定时期所拥有的资产、负债以及净资产水平，基本原则是资产等于负债加上净资产，主要包括以下内容：

◎资产——即零售商所拥有的具备货币价值的物品。流动资产由现金、银行存款及短期内可变现的资产（存货和应收账款）组成，固定资产包括不动产、建筑物、商店附属设施和收银机、运货车等设备。

◎负债——即零售商在经营过程中产生的债务责任。流动负债包括应付工资、应交税金、应付账款和短期借据；长期负债包括抵押贷款、长期贷款。

◎净资产——又称所有者权益，代表企业偿还所有债务后剩下的实际价值，用资产减去负债即可得出。

◎销售净利率——用净利润除以销售净收入后得出的衡量零售企业绩效的评估指标，销售净利率高说明企业发展良好。

◎资产周转率——用销售净收入除以总资产后得出的衡量零售企业绩效的评估指标，资产周转率高说明企业运作效率高。

◎财务杠杆——用总资产除以净资产后得出的衡量零售企业绩效的评估指标，财务杠杆太低说明企业过于保守，太高说明企业负债过多。

（3）战略利润模型

该模型计算公式如下：

净值回报率=销售净利率×资产周转率×财务杠杆

根据战略利润模型，零售企业可以通过提高三者之中的任何一个指标来提高净值回报率。这个模型可以帮助我们找出新的潜在利润增长点。

零售冷知识

Hancock纺织品公司借助破产保护成功复活

Hancock纺织品公司由于经营不善采取破产保护策略，在2007年第一个季度关闭了30家零售店，并开始停止其他104家商店的销售，这些工作在该年6月底全部完成。Hancock纺织品公司的破产计划除了保障持股人对公司的股东权益外，还提供现金加利息、管理权、担保债权、优先权以及一般无担保债权。并非所有的破产保护都能让零售商恢复活力，但Hancock纺织品公司在2008年8月成功复活。截至2008年11月1日，Hancock纺织品公司在美国的37个州设置了265家分店和一家网上商城，主要经营时尚的家庭装饰织品、缝纫装饰品、刺绣用品和缝纫机等。

2. 编制预算的流程

编制预算是财务管理中的一个重要项目。通过编制预算，零售商可以获得以下好处：

◎提高生产率。

◎优化配置资源。

◎协调各类商品的开支。

◎提高公司的整体运营效率。

◎确定各种支出的水平。

◎有效控制预算周期中的成本。

◎分析预期开支与实际开支的差异。

◎企业的预期开支、实际开支、业绩水平可通过预算跟行业平均水平进行对比。

编制预算的过程大致分为如下两个阶段：

（1）编制预算的预备决策阶段

◎确定由谁来编制预算。

◎明确预算的期限长短。

◎调查编制预算的频率如何。

◎调查使用了哪些支出类别。

◎预算的详细程度是否达到要求。

◎预算的灵活性是否满足需要。

（2）正式编制预算阶段

◎明确预算目标。

◎制定各种业绩标准。

◎确定计划支出。

◎查清实际支出。

◎控制预算执行结果。

◎根据实际情况调整预算。

零售新手的课外练习

调查你家周边的日用杂货商店

要求：以你家为中心搜索周边的五家日用杂货商店，记下它们的名称，了解其主要售卖的日用杂货种类以及销量最好的日用杂货品牌，观察每一家商店一天内的客流量有多大。

商店名称	产品种类	热销产品品牌	一天的客流量

零售管理的整体战略规划

1. 什么是整体战略规划的可控变量?
2. 什么是整体战略规划的不可控变量?

1. 制定零售战略必须考虑的变量

我们必须同时考虑两种变量：一种是可控变量，即企业可以直接控制的因素；另一种是不可控变量，即企业没法控制而只能被动适应的因素。

（1）可控变量

零售战略的可控变量主要包括以下四个因素：

◎商店选址——零售商可以选择有店铺经营或者无店铺经营，根据自建、购买和租用店铺的要求来选择合适的位置。

◎业务管理——包括组织管理、人力资源管理、运营管理等内容。

◎商品管理与价格调整——零售商可以决定自己的商品种类与服务标准，在不违反法律法规的前提下调整商品价格。

◎跟顾客进行沟通——包括营造购物气氛、制作宣传广告、塑造品牌形象以及提供服务等方面。

（2）不可控变量

零售战略的不可控变量主要包括以下六个因素：

◎消费者——顾客的消费偏好与购物决策都由自己决定，零售商只能适应和引导。

◎市场竞争——零售商无法彻底垄断所有的细分市场，必然会遇到各种各样的竞争对手。

◎技术变革——技术变革会改变人们的生产生活方式，适应原有生产生活方式的零售体系必然会受到新技术的冲击。

◎经济环境——零售商可以影响国民经济，但无力左右整个宏观经济环境。

◎季节性约束——零售行业中的很多商品销售额存在淡季和旺季之分，会对零售商的商品或服务组合产生较大的影响。

◎法律约束——零售商必须遵守所在国家及地区的法律法规。

零售冷知识

荷兰零售企业的忠诚计划

2008年，荷兰市场营销研究人员调查了15个零售领域内的180家荷兰零售企业推行忠诚计划的情况。这些零售企业至少有7家零售店或者雇用100名员工。本次调查的目标是了解实行忠诚计划的企业是否具备明确的会员资格、购买决策时的注册和验证，以及某种会员特殊福利。这次调查发现：

◎37%的受访零售商都在执行忠诚计划。

◎忠诚计划普遍存在于竞争者拥有类似的产品组合，且顾客购买频繁的零售业内，包括超市、网上商店和专业专卖店。

◎当消费者的营利性存在差异时，零售商更可能采取忠诚计划，以求吸引和挽留最具营利性的顾客。

◎当某个区域市场内部的竞争进入白热化状态后，零售商更倾向于使用忠诚计划。

◎执行了忠诚计划的零售企业比未实施的零售企业，具有更强的客户导向性。

◎技术对零售商执行忠诚计划的影响并没有人们想象中那么大。

2. 创办零售企业时需要考虑的因素

（1）自我评估与商店模式选择

◎评估你创业的优势和劣势。

◎信念评估：为什么想创办自己的零售店？为什么要从零开始创办新店，而不是收购现成的零售店或者成为特许连锁店的加盟商？

◎描述符合你的意愿且能发挥你的长处的零售商店模式，说清楚你的零售店将为消费者带来什么。

（2）整体零售计划

◎阐述你对零售店的经营理念。

◎从个体所有制、合伙制或公司制中选择你认为最适合的所有制形式。

◎阐述你的短期经营目标和长期经营目标。

◎站在顾客的角度来分析他们的需求。

◎研究你要开发的目标市场规模和主要竞争对手。

◎研究你的商店选址。

◎确定你所在的销售区域内的各类产品/服务的总零售额。

◎确定你的潜在市场份额。

◎制定你的零售战略，包括商店的选址、运营、采购、定价、促销策略和品牌形象等。

（3）财务计划

◎估算你的商店开业和维持第一年的运营需要多少资金？

◎从什么地方获取这笔资金？

◎确定你在商店经营的第一年需要获得多少利润、投资回报率和薪金。

◎规划头两年的每月现金流量和损益表。

◎规划第一年应该达到多少销售额。

◎假如第一年未能达到销售目标，你将采取什么应对措施？

（4）行政管理计划

◎阐述你的人事岗位安排、组织计划和规章制度。

◎列举你喜欢并且想做的工作，以及你不喜欢、不能做或不想做的工作。

◎规划你的会计制度和存货制度。

◎规划你的保险计划。

◎对各方面战略的日常运营做出具体的规定。

◎评估你的零售店当前面临的风险，并阐述你应对风险的策略和计划。

零售新手的课外练习

调查你家周边的珠宝商店

要求：以你家为中心搜索周边的五家珠宝商店，记下它们的名称，了解其主要售卖的珠宝种类以及销量最好的珠宝品牌，观察每一家商店一天内的客流量有多大。

商店名称	产品种类	热销产品品牌	一天的客流量

拓展阅读：沃尔玛曾经的头号劲敌乐购

第一次世界大战结束后，21岁的英军退伍士兵杰克·科恩于1919年回到故乡，用身上仅剩的30英镑退役补贴在伦敦东区以摆小摊为生。他从海陆空军队那里购入多余的生活用品，再以低价卖给消费者。没多久，他就增加了很多新的摊位，形成了自己的销售网络。1924年，杰克·科恩在茶叶供应商TES tockwell的协助下创办了自己的品牌——后来的世界三大零售商之一的乐购（TESCO）。

乐购集团目前在全球13个国家都有业务，员工总数多达50万。自2004年进入中国市场以来，乐购已在中国设有115家乐购大卖场、1家乐购天地超级大卖场、8家乐都汇购物中心以及14家试验阶段的便捷店，会员总数超过七百万（截至2013年2月初的数据）。在2010—2012年，乐购两次获得由中国外商投资企业协会、中国慈善总会和《中国企业报》联合颁发的“中国社会责任优秀企业奖”，两次荣登“中国食品健康七星奖——信赖100”品牌榜单。

虽然晚几十年成立的沃尔玛后来居上，但乐购在很长一段时间内堪称沃尔玛的头号劲敌。两大零售商之间的经营理念差异明显，沃尔玛以“天天低价”为核心理念，乐购则从创立之初就致力于“拥有自己的品牌”。乐购商场货架上的商品大概有一半都是集团旗下的自有品牌。

乐购以“拥有自己的品牌”为发展纲领，不断创造新的自有品牌。比如，1993年，乐购为了在本土市场中胜过外来的德国连锁折扣商店阿尔迪（Aldi，全球前十零售商之一）与零售企业利德尔，创办了特有品牌Value。1998年，乐购高层为了填补自己在高档消费品方面的空白，创立了Finest品牌。这两个品牌在英国市场中的价值超过了许多全国性品牌。

乐购在跨国食品零售行业中名列前茅，在非食品行业也取得了相当出色的成就。它开创的英国俱乐部卡计划在业内独树一帜。乐购通过跟数据分析公司合作，按照顾客的生命周期、生活方式和消费水平把顾客划分为六大核心群体：

◎追求便利型顾客——他们主要是忙碌的都市购物者，需要用最简单的方式最快地带走现成的食品。

◎追求美食型顾客——他们通常属于上流社会，对食品的品质要求很高。

◎追求健康型顾客——他们关心自己的健康和身材，主要购买低热量、低脂肪的新鲜食品。

◎主流型顾客——他们喜欢意大利面之类的简便食品。

◎价格敏感型顾客——他们严格限制预算，喜欢使用优惠券，力求购买最划算的食品。

◎传统型顾客——他们通常年纪比较大，购买量也不多。

根据类型的不同，乐购会把这些顾客加入各种乐购俱乐部，比如食品俱乐部、健康生活俱乐部、葡萄酒俱乐部、儿童玩具俱乐部等。顾客每个季度可以兑换俱乐部卡里的积分，以便获得更多优惠政策。

乐购在英国发展非常成功，但其营业额只占到沃尔玛的1/4。乐购主要通过自有品牌赢得消费者，而沃尔玛争取顾客的思路是在聚集各类品牌的同时保持最低价格。双方在全球展开竞争，但显然沃尔玛占据上风。乐购进入美国市场后的发展速度很慢，2013年才开始盈利。自从2004年进入中国市场后，乐购虽然发展很快，但其在华零售业务于2013年8月27日被华润集团属下的华润创业有限公司并购重组。

根据彭博社的数据，具有“股神”称号的美国伯克希尔－哈撒韦公司CEO巴菲特是乐购的第四大股东，在2014年时持有该公司4.1%的股份。巴菲特在2007年收购了乐购的股份，但随着乐购在全球各大市场上频频受挫，他对乐购的失望与日俱增。2013年，巴菲特的15只重仓股中唯一出现亏损的一只股票。股神巴菲特痛心疾首地表示："我在乐购身上犯了错误，那是我犯的一个巨大错误。"

乐购的一大失败原因在于内部财务作假。2014年，乐购前CEO彼得·戴尔斯宣布公司上半财年盈利预测被夸大了2.5亿英镑，公司旗下的英国食品事业部，出现"提早认列营收、延迟认列成本"的重大会计缺失。八名高级主管相继因此停职，而接受乐购高层委托的德勤会计师事务所彻查账目后发现，乐购虚报的数字实际上更高，已经达到了2.63亿英镑。这场公司内部检举揭发的财务造假案，迅速升级为集团有史以来最大的信誉危机，让乐购元气大伤。

第3章

PART THREE

门店经营不只是照看门面

我们的日常购物活动主要集中在各式各样的门店，而零售业大部分的销售额恰恰也来自门店。经营门店是零售管理最基本的工作，但要做好这项工作，并不是一件轻松的事情。门店经营千头万绪，考验着管理者处理琐碎事务和应对突发情况的能力。任何优秀的零售商，都是从出色的门店管理起步的。无论企业开设多少个分店，都应该重视本章接下来要提到的管理工作。

门店的选址，位置影响力最重要

1. 门店店址对零售企业有哪些影响？
2. 为什么说人们对商品的偏好是由生活环境塑造的呢？

1. 地理位置会影响顾客的消费偏好

人们到线下实体门店购物时，地理位置的影响力比你想象中更大。离你最近的24小时便利店和稍远的大型购物中心都有你需要的商品时，你会经常为前者贡献销售额。因为你觉得走更远的路会花费更多的时间和精力，无形中增加的成本降低了商品的价值，于是距离较远的零售店就失去了吸引力。

久而久之，你的消费偏好就会受到常去的零售店影响。他们卖什么，你就会习惯买什么。零售商提供的商品组合往往也存在鲜明的地域差异。当你迁徙到新的环境时，那里的零售店可能主推另一种商品组合。尽管跟你原本喜欢的品牌不同，但时间一长，你就会接受当地更常见的新品牌。当然，这种消费偏好的调整不是绝对的完全覆盖，你在“过去的位置”里养成的偏好还会在一定时期内继续施加影响。

因此，零售商在选择店址的时候，应当充分考虑位置影响力的因素。门店所在的地理位置应该交通便利，且便于集中推广某些地域性较强的商品。

零售冷知识

零售引力的赖利法则

零售引力的赖利法则是商圈描绘的传统方法。它在两个城市或社区之间建立一个无差异点，以确定每个商圈。无差异点是指两个城市或社区之间的地理分界点，在该点上，消费者在哪个地区购物没有差异。根据赖利法则，许多顾客都被吸引至大城市或大社区，因为那里商店多，商品种类多，即便路途上花的时间长也值得。赖利法则的假设前提是：两个竞争区域的交通同样便利，且两个城市的商店竞争力相同；而其他因素如人口分布状况等或视为不变，或忽略不计。

2. 评价零售店店址好坏的指标

项目	指标	评分（1～10分）
客流	行人的数量	
	行人的类型	
车流	车辆数	
	车辆类型	
	交通拥堵程度	
停车设施	停车场的数量和质量	
	停车场到商店的距离	
	员工停车场的可获得性	

（续表）

项目	指标	评分（1~10分）
交通条件	大规模公交系统的可获得性	
	靠近主要高速公路	
	便于送货	
商店构成	商店的数量和规模	
	商店之间的互补性	
	零售的均衡配置	
具体店址	商店的可见性	
	区域市场内的布局	
	营业场地的规模和形状	
	建筑的规模和形状	
	场地和建筑的状况和使用年限	
占用条件	自有或租用条款	
	运营成本和维护费用	
	税金	
	区域规划的限制	
	自愿遵守的规则	
全面评价	商店大体位置	
	具体店址	

零售新手的课外练习

调查你家周边的书店

要求：以你家为中心搜索周边的五家书店，记下它们的名称，了解其主要售卖的图书种类以及本月销量最好的热卖图书，观察每一家书店一天内的客流量有多大。

书店名称	图书种类	热卖图书书名	一天的客流量

减少顾客的“搜索阻力”与“位置阻力”

1. 什么是顾客的“搜索阻力”与“位置阻力”？
2. 怎样减少顾客的“搜索阻力”与“位置阻力”？

1. 让你错过商品的“搜索阻力”

当你有经费、时间、精力去购物时，不一定会遇到你想要的东西。有一个微妙的现象值得深思：消费者经常抱怨没有某种商品，与此同时，该类商品的生产者抱怨没有那么多消费者愿意采购。如果这两群人能对接上，就能得到皆大欢喜的结果。然而更多时候，信息不对称导致此类错位现象一再发生。出现这种情况就是“搜索阻力”在作怪。

“搜索阻力”使得顾客在做出购买决定前难以获取充分而准确的市场信息。事实上，市场并不一定能为顾客提供有用的信息。更多时候，需要顾客投入相当多的时间成本和精力成本从海量的无效信息中大海捞针。由于恰好找到所需信息的概率很小，顾客和商家被“搜索阻力”形成的壁垒隔开，相互找不到对方。这无疑会造成资源的浪费，让顾客的需求无法得到充分满足。

“搜索阻力”无处不在，顾客需要承担更多的搜索成本才能实现目标。我们会不停地搜索与想要的东西有关的信息，直到搜索成本完全超过期望收益后才放弃。搜索引擎商不断改进算法，提高搜索效率，就是为了帮顾客破除“搜索阻力”，更高效地获取信息。零售商想要赢得顾客青睐的话，也应该在这方面下功夫，让顾客更容易搜索到关于你的有用信息。

零售冷知识

Bealls名品折扣中心的选址策略

我们通过将商店设在交通流量大的十字路口或沿街购物中心来增加顾客吸引力。一些专家说不能为一个好的店址支付很多钱，但我们的经营结果显示，控制租赁成本对盈利是非常关键的。我们利用一项地理人口分布服务来确定和评估潜在市场。我们了解我们的顾客所在的人群，我们的目标是在这些人群聚集的地方设立商店。一旦我们发现了一个满足要求的社区，下一步就是在这个区域寻找特定的店址。我们最好的店址是与像沃尔玛、塔吉特或者吸引许多顾客的食品杂货店这样的合租商在沿街购物中心租赁的店址。

——Bealls名品折扣中心总裁史蒂夫·诺匹克

2. 互联网消除不了的线下“位置阻力”

在互联网兴起前，顾客与零售店之间的联系在很大程度上受到地理位置的制约。大城市集中了大部分的市场资源，知名零售商拥有更齐全的货物与更优惠的价格，然而你购物的首选恐怕还是附近的小便利店。因为它位置够近，不需要你付出太多移动成本。这种由地理位置造成的干扰因素，就是“位置阻力”。

网上购物与快递行业的兴起，在宏观层面上减轻了“位置阻力”的影响。跟你具有同样消费偏好的人也许远在大洋彼岸，但是你们可以津津乐道地谈论共同的爱好，一起下单然后等待快递小哥送货上门。不过，影响零售的“位置阻力”实际上并没有真正消失。快递员代替人们承受了这种阻力，你感受到的方便，实际上是在坐享别人付出的代价。

线下实体门店依然受到“位置阻力”的束缚，拥有相对固定的交易区域。一旦超出这个范围，门店对顾客的吸引力会随之减弱。当实体门店与网上商城一体化之后，零售商与顾客因“位置阻力”而产生的麻烦，已经转移到快递行业上。

零售新手的课外练习

调查你家周边的装修建材商店

要求：以你家为中心搜索周边的五家装修建材商店，记下它们的名称，了解其主要售卖的建材种类以及销量最好的建材品牌，观察每一家商店一天内的客流量有多大。

商店名称	产品种类	热销产品品牌	一天的客流量

别忘了激励门店员工

1. 怎样提高员工对门店的忠诚度?
2. 给员工的奖励主要包括哪些类型?

1. 员工的忠诚度是激励出来的

降低员工流动率是门店管理的一个重大挑战。员工的忠诚度不是无缘无故产生的，没有足够的物质激励和精神激励，他们根本不会买你的账。为此，管理者可以从以下几个方面激励员工：

（1）提供培训课程

员工在培训课程中能学到更多的知识，掌握更多的技能，增长个人价值。企业也能获得更优秀的劳动者，从而提升运营效率。

（2）给予足够的授权

一线员工负担着大量工作，应对着各种琐碎而复杂的情况。为了提高门店的业务处理效率，管理者应当根据实际需要给予员工相应的授权。当他们有足够的权限去处理问题时，工作积极性也会更高。

（3）经济奖励

可用提成或奖金的方式来奖励那些工作勤奋、业绩突出的优秀员工。有的零售商甚至给员工奖励股份，或者特许员工以折扣价认购股份。员工成为公司股东后，为了让所持股票升值，主人翁意识就会更强。

零售冷知识

沃尔玛对门店员工的精神、物质激励

沃尔玛总部与各分店都会定期在橱窗里展示先进员工的照片，表现优异的管理者还将获得公司特别授予的“山姆·沃尔顿企业家”的称号。沃尔玛的股东大会号称全美最大的股东大会，但总部每次组织会议时，都尽量让更多的部门经理与普通员工参与其中，以便让他们充分了解公司的理念、制度、现状、目标。董事长山姆·沃尔顿每次在会后都会邀请2500名左右的会议参与者到自己家进行野餐活动，从高级管理者到普通员工，各个层级的员工都有。

沃尔玛从1971年就开始实施利润分享计划，任何在公司工作一年以上或每年工作1000个小时以上的员工都有分享公司红利的资格。公司有个计算利润增长分配百分比的公式，通常按照6%的比例来提留每一位满足条件的员工的工薪，替员工买公司股票。当他们退休或离职时就能以现金或股票的方式获得这笔红利。有位1972年加入沃尔玛的货车司机，为公司工作了20年，当他在1992年离职时得到了70.7万美元的利润分享金。

2. 怎样跟员工建立伙伴关系

零售行业是典型的服务行业，员工的服务水平在很大程度上受店内人际关系的影响。想让顾客有宾至如归的购物体验，管理者应该与员工建立伙伴关系，让每一天的繁忙工作都充满快乐。具体而言，可以从以下三个方面着手：

（1）减少地位差异带来的距离感

简单说，就是构建一种官兵平等的企业文化。虽然在待遇上可能因人而异，但管理者在语言和行为上可以跟员工打成一片，不摆领导架子。高级经理可以时不时穿着与员工同样的制服与门店员工、顾客一同交谈。这会让员工获得平等感，认为自己被公司尊重和信赖。

（2）员工内部提升政策

很多公司喜欢从外部搞“空降干部”，这让许多劳苦功高但未获得提拔的资深员工不服气。沃尔玛、家得宝等零售巨头坚持内部提升政策，管理岗位大多留给经验丰富、表现突出的内部员工，而不是从其他零售商那里挖“空降干部”。这会让员工相信自己在公司有上升空间，付出能得到回报。

（3）帮员工实现事业与家庭的平衡

可以用弹性工作制和同事轮流分担作业等方式来调整员工们的工作时间，让他们在一定时期内有更多的时间跟家人团聚和处理私事。有些大型零售商甚至为员工提供看护小孩之类的服务，把人性化管理贯彻到底。

零售新手的课外练习

调查你家周边的手机商店

要求：以你家为中心搜索周边的五家手机商店，记下它们的名称，了解其主要售卖的手机品牌以及销量最好的手机品牌与型号，观察每一家商店一天内的客流量有多大。

商店名称	手机种类	热销手机品牌与型号	一天的客流量

拓展阅读：美国最大的食品连锁超市克罗格

沃尔玛在2015年的销售额是4821.3亿美元，是全球零售排行榜第二名的美国批发连锁店好市多（Costco）同年销售额的四倍多。排在第三名的美国食品连锁超市克罗格（Kroger）在2015年的销售额只有1098.3亿美元。但克罗格在两个方面强于沃尔玛：一是它在美国食品零售市场上占据优势，二是它是真正意义上的“百年老店”。

1883年，伯纳德·克罗格创办了大西方茶叶公司，这是全美第一家连锁店公司。在他的不懈努力下，克罗格公司成为全美最大的食品连锁超市，在美国商业发展史上扮演了十分重要的角色。据说不少美国商业法规都是根据克罗格公司的发展而制定出来的。

克罗格非常重视客户关系管理，它拥有仅次于CVS公司的全世界最大规模的零售忠诚计划。克罗格通过数据调查把顾客分为以下几个类型：

◎预算型顾客——他们追逐价值与任何能够充分利用食品预算的途径。

◎追求便利型顾客——他们喜欢购买方便型食品，并希望以最快的速度结账离开商店。

◎品质型顾客——他们非常注重商品的品质，主要采购新鲜而美味的有机食物。

◎家庭型顾客——他们总是大量采购商品，并会考虑每一位家庭成员的需求。

◎传统型顾客——他们喜欢下厨，购买的是最基本的食材或新鲜食物。

◎即食商品型顾客——他们几乎没有准备食物的时间，喜欢购买罐头食品和冷藏肉。

◎减肥型顾客——他们倾向于购买低脂肪、低糖分以及其他代表健康生活方式的商品。

为了提高消费者的品牌忠诚度，克罗格公司会给持会员卡的顾客发送一些有针对性的实用邮件，比如推送名为《我的杂志》的小册子。《我的杂志》根据季节的不同来推荐食品连锁超市里的精选品牌与特价产品，还提供具体的食品和优惠券。克罗格通过多种方式在网站上提供商店和制造商的优惠券，这些优惠券将直接连接到顾客的“克罗格忠诚账户”，公司还允许顾客自己用电脑打印优惠券。

克罗格非常重视利用数据来降低某些商品的SKU（库存量单位）。在Dunnhumby公司的数据规则帮助下，克罗格选出了10种能从减少SKU项目中受益的商品种类，然后剔除每一类商品的8%～45%。这种做法能最大限度地保留那些有价值的商品，淘汰那些价值较小的商品，优化公司的产品结构，更好地满足顾客的需求。如此一来，顾客就能获得更优质的品牌商品，而公司的销售额和利润也不断上涨。

在完善SKU优化方面，就连沃尔玛都要对克罗格甘拜下风。两家公司的经营理念不同，沃尔玛整体上占据绝对优势，所有品牌的零售额总和远远超过克罗格，双方的公司规模也能反映出这个差距。但是，克罗格凭借SKU优化的力量继续牢牢控制着美国的食品零售市场，在局部上依然能成为销售冠军。

克罗格在美国食品零售市场可谓攻无不克，就连曾经引领美国有机消费风潮的全食超市都在有机食品竞争中被克罗格打败。

据美国全食超市2016财报披露，除了熟食外，公司大约30%的销售额来自于有机食品。全食超市所有门店的有机食品种类十分丰富，主打产品是高质量、高价格、高毛利的天然有机食品。全食超市也因此被称为食品界的“苹果公司”。

但是，克罗格等传统大型零售商纷纷加入有机食品市场后，对全食超市产生了强烈的冲击。克罗格依然是以传统零售商的低毛利策略来抢占市场份额，比如，无麸奶酪比萨在全食超市的售价为7.49美元，而克罗格超市则为4.99美元。在2014—2016年期间，全食超市的股价一再下行，最高缩水过半，其间下跌45%，而同期的克罗格的股价却上涨81%。此消彼长，克罗格逐渐在全食超市最擅长的领域打败了对手，继续占据美国最大的食品连锁超市的宝座。

PART FOUR

第4章 全渠道零售从供应链建设开始

零售渠道是连接生产商、经销商、零售商和最终消费者的纽带。没有畅通的零售渠道，零售企业便无法生存下去。渠道建设的关键是抓好供应链管理，跟其他渠道成员搞好关系。根据使用渠道的不同，零售商可以分为店面零售商与非店面零售商两大基本类型。其中，店面零售商以门店为主要经营场所，而非店面零售商则通过门店之外的其他渠道进行销售。如今，全渠道零售已经成为零售企业的新发展趋势，若想有效整合不同的零售渠道，管理者应该注意本章提到的内容。

全渠道零售的注意事项

1. 全渠道零售需要注意哪些问题?
2. 为什么要留心零售渠道的三大基本矛盾?

1. 全渠道零售面临的阻碍

理论上，全渠道零售可以扩大市场覆盖率，充分挖掘潜在顾客群体的消费潜力。但在实际操作过程中，很少有零售商能做好这点。阻碍全渠道零售的发展瓶颈主要有以下几点：

（1）打造综合购物体验的难度较高

线上线下一体化发展是众多零售商的共同目标，尤其是以线下体验店为核心的综合购物体验，成为零售行业服务体系的发展重点。但在线上购物与实体门店资源整合不够充分的情况下，零售商很难打造出良好的综合购物体验。

（2）品牌形象必须保持一致

零售商将通过多个自成一体的渠道开展销售工作，各个渠道拥有较高的自主权，可以制定自己的经营策略。这虽让零售体系变得丰富多样，但也可能造成品牌形象的不统一。我们应该力求保持品牌形象的统一性。

（3）商品分类复杂化

不同渠道的零售店运营的独立性，导致商品分类不一致。商品分类的复杂化又会让供应链随之变得更复杂。这与零售商追求降低运营成本的宗旨相悖，需要找到一个合适的平衡点。

（4）定价复杂化

顾客希望各渠道定价一致，但各渠道的零售商基于种种考虑，并不会采用一致的定价。这导致零售商各个渠道的商品定价差异很大。当细心的顾客意识到这点时，可能会放弃定价较高的渠道。全渠道零售提高市场覆盖率的目标也就无从实现了。

零售冷知识

沃尔玛曾在德国和中国香港遭遇挫折

2007年年末，沃尔玛通过收购21家Werkauf大型卖场而进军德国市场，一年后又收购了71家Interspar大型卖场。然而沃尔玛在德国的发展并不顺利，在一段时期内损失严重。沃尔玛高层经过争论后最终决定将这些卖场的经营权卖给麦德龙。尽管随后的管理文件表明沃尔玛有花钱让麦德龙放弃其德国生意的意图，但已无法挽回这次失利。

沃尔玛在中国香港地区的发展也并非一帆风顺。1993年，沃尔玛与正大集团建立了伙伴关系。在香港开办的商店以Value Club（超值俱乐部）的形式营业，并作为一些小型企业的仓库俱乐部的批发商店。但这些零售店的地理位置不佳，商品分类也十分粗疏。而且沃尔玛和正大集团都嫌对方掌控了太多的权力，这次合作仅仅3年就宣告结束。

2. 不容忽视的销售渠道的三大基本矛盾

无论零售商采取单一渠道销售还是全渠道销售，都要面临销售渠道的三大基本矛盾。能否处理好这些矛盾，决定了全渠道零售能否保持安全运转。这三大基本矛盾分别是：

（1）固定的销售区域与不断增加的销售任务的矛盾

所有的分店负责的区域市场是相对固定的。假如越过自己负责的区域做销售，就会造成各渠道成员之间的冲突。

（2）临时优惠政策与平时价格体系的矛盾

零售商推出渠道激励政策，能增加各渠道在短期内的产品销量。但优惠政策本身对原先的渠道价格体系也存在一定的冲击。有些渠道为了增加销售额滥用优惠政策，就会导致全渠道零售布局走向瓦解。

（3）传统渠道与新兴渠道的矛盾

随着目标市场越分越细，渠道建设也趋于多元化。新兴渠道为零售商开辟了新的利润源，同时也冲击了传统渠道的市场份额。全渠道零售要求各渠道协调发展，但调和传统渠道与新兴渠道的矛盾并不轻松。

以上三大基本矛盾一直存在于营销渠道系统中。如果零售商不能妥善处理这些矛盾，全渠道零售模式就难以为继，只能回归原先相对单一的渠道零售模式。

零售新手的课外练习

调查零售店的各销售渠道业绩

要求：统计你所在零售店的各个销售渠道在上个月的总体销售业绩、售卖产品数量及顾客满意度。

销售渠道	总体销售业绩	售卖产品数量	顾客满意度
商店			
目录			
互联网			

如何判断渠道的生命力

1. 哪些因素会影响零售渠道的日常运营?
2. 我们应该从哪些方面评估零售渠道的生命力?

零售渠道的生命力决定了企业的可持续发展能力，一旦渠道断裂，后果不堪设想。为此，零售管理的一大要务就是随时掌握当前零售渠道的运营状况。这样才能让零售企业避免渠道的冲突，提高销售效率。渠道管理者应该先了解一下影响渠道运营的综合因素。

1. 影响渠道运营的各种因素

外部影响因素	内部影响因素
消费者特征	渠道成员的数量
市场需求层次	渠道成员的总体口碑
社会的整体经济状况	渠道成员的资金实力
科学技术的发展水平	渠道成员的营销能力
竞争对手带来的压力	渠道成员的合作积极性

外部影响因素指的是那些在企业控制范围外的影响因素。内部影响因素则出现在企业零售渠道之内。零售企业的零售渠道运营状况，是多种内部因素与外部因素共同作用的结果。假如忽略某些因素的影响，可能会导致零售渠道进入亚健康状态。

零售冷知识

快速反应和高效消费者反应（ECR）

20世纪80年代中期的美国服装业有个令从业者很头疼的问题。当时的服装从生产到上市需要66周时间，但供应链里没有人知道下一个月市场上什么服装会畅销，更别说一年后的市场变化了。漫长的供应周期让供应成本变得十分高昂，生产商和零售商都无法实现对市场变化的快速反应，并不清楚顾客到底需要什么服装。当时的美国服装零售商每年都会打折抛售那些顾客不想要的服装，整个行业因此亏损几十亿美元。直到一家名叫Milliken的美国纺织品生产商和儿童服装制造商Warren Featherbone公司联合推出一个快速反应的销售预测系统，这种不利局面才得以扭转。

2. 考查渠道生命力的五个指标

为了掌握零售渠道的运营状况，零售企业管理者可以从以下五个方面来衡量零售渠道的生命力：

（1）组织管理水平

健康的渠道并不是永不出错，而是能有序地应对各种突发变数。能否把零售渠道治理得井井有条，关键在于渠道管理团队的能力素质。有经验的员工在管理团队中占的比重，是一个重要的衡量标准。从事渠道建设多年的老员工具有丰富的管理经验，擅长解决各种渠道中的突发问题。他们的工作经验直接来源于一线业务，具有很强的实用性与可操作性。假如一个管理团队以缺乏基层经验的新手为主要成员，渠道管理水平自然就要低一些。

（2）客户资料的完善程度

除了最终消费者的用户资料，供应商与其他合作平台等客户档案，也是渠道管理工作的重点。通常而言，实际购物的消费者总是少于企业掌握的用户资料档案，但这个努力方向本身不该被否定。如果零售企业得到的客户资料远低于用户总量，说明企业在挖掘消费者潜力上不够用功。我们应该尽可能地把每一位产品使用者的资料纳入公司的客户关系管理系统之中。这样构建出来的零售渠道自然更有生命力。

（3）铺货管理水平

铺货也叫“铺市”，指的是让每个零售渠道或零售终端都有产品可卖。铺货有利于产品快速上市，进而建立相对稳定的销售网点。零售企业和供应商经常会联合铺货，以便在短期内快速开辟市场。铺货是门技术活，不宜目标太大，不能脱离准确的市场调查，不能盲目追求铺货数量而不顾铺货布局的精细度。先在哪个区域市场铺货，然后再到哪个区域市场铺货，都是一门学问。那种胡子眉毛一把抓的铺货方式，就是在乱撒网，无法提高商品的配置效率。

（4）渠道成员的沟通与培训水平

企业管理者可以从三个指标来判断该渠道成员的沟通与培训水平：第一，参与培训的各类客户（含经销商、零售商、用户等）占客户总数的比例大小；第二，愿意接受企业VI（即企业VI视觉设计）的各类客户在客户总数中的比例大小；第三，经常参加企业发起活动的各类客户在客户总数中的比例大小。这三个比例越高，说明该渠道各成员的沟通水平和培训水平越高。合作关系稳固的零售渠道，生命力自然更强。

（5）促销活动的组织水平

零售渠道的核心任务是销售商品，丰富多样的促销活动是渠道销量的必备手段。企业管理者可以从促销活动中辨别出哪些零售渠道是强有力的，哪些零售渠道是心有余而力不足的。评价标准主要有两个：第一，促销活动持续的天数在全年总天数中的比例有多少；第二，每投入一万元的促销费用可以带动多少销售额。

前者主要用来衡量促销活动的频繁程度，比例越高，说明该零售渠道的促销能力越强。后者则用来反映促销活动对销售业绩的实际影响，数额越高，说明该渠道的销售业绩增长越快。

通过上述五个方面的考查，我们可以比较准确地判断出零售渠道的生命力。零售渠道运营是一种动态的发展过程，要求管理者设立渠道健康预警机制。企业对渠道中的每个环节都要保持随时监控状态，以便准确估算整个零售渠道的运营状况。

零售新手的课外练习

考查一家零售店销售渠道的生命力

要求：选择你最常去的一家连锁零售店，按照上述五个渠道生命力考查指标来调查该店的渠道管理水平。请简要地评价这家零售店在每个指标上的表现水平，再按照最低一星、最高五星进行评分。最后，再综合各个指标得分对该店的渠道管理水平进行综合评价。

渠道生命力考查项目	基本评价	评分
组织管理水平		
客户资料的完善程度		
铺货管理水平		
渠道成员的沟通与培训水平		
促销活动的组织水平		
综合评价		

抓好供应链，信息和物流是关键

1. 信息流对供应链有什么意义？
2. 物流体系建设包括哪些要点？

1. 以信息流指导供应链建设

信息流包括产品信息、物流配送信息、经销商信息、消费者信息、渠道运营信息、财务信息、人事信息、促销活动信息等。对于零售商而言，信息流与资金流、产品流同样重要。零售行业汇集了规模最大、种类最多、变化最复杂、新陈代谢最快的市场需求。如果没有准确的数据信息做指导，供应链根本无法跟上零售市场的快速变化。

零售商的信息管理系统主要包括以下五个基本模块：

◎数据发送——数据发送包括数据上传、下载、传递等，数据发送功能是衡量渠道综合信息平台建设水平的重要指标。

◎数据转换——商业数据来源于多个渠道与对象，只有经过数据转换才能让管理者一目了然。

◎数据整合——过滤掉重复或无用的信息，让管理者不被垃圾数据淹没。

◎数据分析——从大量数据中解读销售和供应链的当前状态。

◎数据交流——根据数据分析结果形成商业情报，协助零售渠道各环节合力解决供应链中存在的问题。

零售冷知识

99 Cents Only商店的优化物流

99 Cents Only商店是美国现存的最古老的一口价零售商，在美国加利福尼亚州、内华达州、亚利桑那州、得克萨斯州大约有250家分店。其他零售商往往会长期销售不变的商品组合，但99 Cents Only商店的策略是根据布局采购很多不同的商品。99 Cents Only商店使用Warehouse Advantages仓库管理系统，以控制商品入库至出库期间的存货动态。Warehouse Advantages仓库管理系统的一大重要组成部分是声控拣货软件。这种软件为商店的仓库管理员提供了声控拣货指导，快速挑选出需要的商品，指明可以在哪里找到它们。一旦完成拣货，归类完毕的商品将被分配给20条发货道，再送往不同的分店。

2. 物流建设的七个最适化

零售渠道物流体系建设主要围绕七个要素展开。这七个要素分别是数量、产品、时间、地点、条件、用户、成本。零售商应该力求把每个要素都做到最适化。

◎数量的最适化，就是产品数量与合同规定一致。假如数量跟合同有出入，就会增加物流环节的用时和成本。

◎产品的最适化，就是确保供货种类正确。零售企业的商品种类繁多，一旦出错就会影响各个环节的衔接。

◎时间的最适化，就是确保供应商按时交货，尤其是那些保鲜要求较高的商品不可延迟交货。

◎地点的最适化，就是确保产品送达正确的指定地点。

◎条件的最适化，就是在达成协议的前提下尽可能满足客户对物流工作的附加条件及要求。

◎用户的最适化，就是物流人员把产品送达指定客户手中并做好监督签收工作。

◎成本的最适化，就是尽可能减少物流成本。

根据这七个要素的最适化要求，零售商应该从运输方式、原料及市场需求预测、库存管理、物流沟通、物料处理、订单处理、产品包装、服务支持、采购供应、退换货处理、仓储建设、回收各类废弃物等环节来优化整个物流体系，确保供应链的完好与畅通。

零售新手的课外练习

调查零售店的饮料供货商

要求：观察你所在零售店的可口可乐、百事可乐、蒙牛、伊利、康师傅、娃哈哈、统一、椰树等专用货架，记录这些货架上陈列的产品种类，了解各家供应商每月的供应量，记录供应商代表来零售店补货的时间。

供应商	产品种类	每月供应量	补货时间
可口可乐			
百事可乐			
蒙牛			
伊利			
康师傅			
娃哈哈			
统一			
椰树			

与供应商的协作，谨防“鞭子效应”

1. 什么是“鞭子效应”？
2. 如何避免“鞭子效应”？

1. 宝洁公司发现的“鞭子效应”

多年前，宝洁公司发现帮宝适牌一次性纸尿裤的零售额相对稳定，但订单量的变化曲线就像一条鞭子。从此以后，零售行业把不协调的渠道中囤积存货的现象称为“鞭子效应”。造成这种现象的原因主要有以下三个：

（1）发送订单和接收货物延迟

零售商在合作过程中不确定自己能多快拿到货物，所以总是倾向于多订货以免脱销。而供应商见零售商增加订货时会高估对方的需求，生产过量的货物。

（2）对缺货反应过度

零售商发现提货困难时就会订购超出实际需求的货物来防止脱销，这种过量订货的策略同样会误导供应商过高估计该商品的实际需求量。

（3）批量订货

零售商习惯用批量订货的大订单来减少订单制作过程中的成本，以求获得批量折扣，但这种订货模式并未反映真实需求。

无论哪种情况，供应商都会生产过量的货物，由于零售商实际上卖不出这么多货物，所以会造成商品积压现象，这对双方都会造成损失。因此，以沃尔玛为代表的零售商非常重视信息共享，让供应商了解实际的销售水平，从而按照沃尔玛的要求进行相对精准的生产。

零售冷知识

沃尔玛对供应商的期待

供应商需要的是： ◎提供消费者内在需求和竞争需求。每一个供应商都可以通过这些需求参与到商品管理中。 ◎在EDLC（天天低成本）中摆正位置。 ◎评估、优化生产流程。 ◎与沃尔玛的商业模式保持一致。 ◎提供合作与团队合作。 ◎提供COE（改正错误）的对话机制。 ◎用评估记分卡作为采购者的目标是否成功实现的标准。
沃尔玛需要的是： ◎价格领导者。沃尔玛尊重供应商，供应商也需要尊重他们，这通过认可“天天低价”策略来实现。 ◎创新：规划设计，合作，最早切入市场。 ◎自主创新：只限于与沃尔玛之间。 ◎市场份额。 ◎完美的执行与合作。 ◎增加商品销售额。 ◎通过店面改善分类：社区商店。 ◎特有的宣传手段：直接在货架终端摆放，把促销商品放在走道里，快乐营销。 ◎通过Walmart.com这个网站，不断发展壮大企业。

2. 挑选供应商时需要审视的要点

挑选供应商时需要审视以下要点：

◎可靠性——供应商能否保证一直履行所有的合同条款？

◎价格和质量——谁能以最低的价格供应质量最好的商品？

◎订单处理速度——我们要多久才能拿到货物？

◎独占权——供应商能否授予我们独家经销权？

◎服务项目——供应商能否在必要时提供运输、储存以及其他服务？

◎信息——供应商能否提供一些重要的产品/服务信息？

◎道德——供应商是否认真兑现自己的口头承诺？

◎品质保证——供应商能否对自家商品提供品质保证？

◎信用——我们能否从供应商那里获得商业信用？

◎长期关系——我们能否与供应商维持长期合作关系？

◎记录——供应商是否按要求尽快填写记录？

◎毛利——供应商给我们的毛利（差价）足够吗？

◎创新——供应商的商品是老旧的还是新颖的？

◎广告——供应商在当地媒体做广告吗？

◎投资成本——供应商的总投资成本有多大？

◎风险——我们与供应商合作可能面临哪些风险？

零售新手的课外练习

调查本市沃尔玛的服装供货商

要求：走访本市的沃尔玛大型购物中心，记录货架上陈列的服装产品种类，挑出展示数量最多的五种服装品牌，了解各家供应商每月的供应量，记录供应商代表补货的时间。

供应商名称	产品种类	每月供应量	补货时间

保持供应链的畅通与润滑

1. 维护供应链有什么意义?
2. 怎样保持供应链的畅通与润滑?

我们应该像保养技术设备一样维护供应链。这是零售渠道管理必不可少的核心工作。从根本上说，供应链维护保障的是整个渠道的总体利益，零售商、供应商、最终消费者都将从中受益。

1. 供应链维护工作的四个意义

(1) 树立品牌形象

通过供应链维护来树立企业产品的品牌形象，让产品顺利进入市场，得到目标消费者的青睐。

(2) 扩大市场覆盖率

企业通过维护渠道来协助经销商组建销售网络，扩大市场覆盖率。

(3) 巩固企业与供应商的合作关系

通过供应链维护来建立生产企业与各级经销商之间的互信机制，巩固渠道成员的合作关系。

(4) 化解零售渠道冲突

通过供应链维护来加强渠道成员之间的相互沟通，共同协商解决遇到的问题，及时化解潜在的渠道冲突。

零售冷知识

“日本鲜食协会”有7-ELEVEN的背景

“日本鲜食协会（NDF）”是由向7-ELEVEN门店供应盒饭和熟食等鲜食商品的制造商及供应商自己成立的组织。其中，包括各种专业组织，它们由成员企业中各领域的专家联合组成。比如，营销及商品开发小组、品质管理小组、原料及包装共同采购小组、环境对策小组、生产设备机器（技术）开发小组等。在NDF的80家成员企业中，具备各项专业能力的员工数共计达到1000人。NDF就是与日本7-ELEVEN商品部的商品开发人员共同合作创立的。7-ELEVEN总部的商品开发人员通过和跨企业的团队共同合作创造，最终将一项仅凭100人无法完成的巨大任务变为可能。

2. 供应链维护工作的四大内容

（1）提高渠道成员的忠诚度

供应商的忠诚度对于零售渠道建设至关重要。假如供应商的忠诚度偏低，就容易与其他渠道成员发生冲突，导致供应链断裂。对高忠诚度的供应商进行适当的奖励，有助于满足供应商不同层次的需求，让他们更快更好地供货。不懂得运用奖励手段的零售渠道管理者，很容易造成渠道成员离心离德。

（2）减轻渠道成员的运营压力

供应链环环相扣，上游环节出问题，下游也会跟着遭殃。这种运营风险会给零售渠道成员带来一定的压力。当运营压力过大时，渠道成员可能会采取不正当竞争手段寻求脱困，也可能会退出这条零售渠道。无论哪种情况，对于组建渠道的生产企业都是不利的。渠道成员的运营压力包括产品滞销压力、市场开拓压力、同行竞争压力、库存管理压力、资金压力等。帮助渠道成员减压，有利于保持供应链的畅通。

（3）保持良好的供应链的日常秩序

由于每个渠道成员对营销政策的理解存在差异，执行力也大相径庭。制度越严密，对各方成员的执行精确度的要求也越高。有些零售渠道由于执行不到位形成管理漏洞，造成不少隐患。因此，渠道管理者应当在每一个环节都注意维护渠道的正常秩序，以免出现积重难返的疏漏。

（4）保持供应链物流的便捷畅通

供应链物流体系是零售渠道维持正常运转的支柱。只有保持货源的充足稳定，零售渠道才能安全运作。一个物流配送不到位的零售企业，根本无法及时补充每天大量消耗的快消商品。整个零售渠道就被荒废了。所以，渠道管理者要高度重视渠道物流体系的日常维护，务求时刻保持这条渠道大动脉的畅通。

零售冷知识

世界第三大服装零售商Zara公司

世界第三大服装零售商是坐落在西班牙拉科鲁尼亚的Zara时装公司。该公司在55个国家经营着800多家商店，利润每年增长30%。Zara公司的供应链从商店经理开始。商店经理每天都要向西班牙总公司的设计室汇报顾客买什么不买什么，想要但没找到什么。Zara控制着全部的设计和生产流程，23家自动化工厂剪裁布料，加利西亚和葡萄牙北部工厂周边的300名小供应商完成组装。所以，Zara不像很多服装零售商那样一个季节发一批新货，而是每隔几天就能发货到全球各地的分店里。这种经过优化设计的供应链，使得Zara公司能有效避免在下次到货之前缺货的情况。Zara的时装专卖店绝非完美，但它的存货周转率是美国时装品牌盖璞公司的3倍。

3. 零售渠道管理者的工作要点

（1）增强责任感与使命感

零售渠道管理者的职能包括设计渠道布局及渠道政策、开发零售渠道，以及区域市场渠道的维护工作，维护供应链只是最基本的一个职能。零售企业的渠道经理应该成为协调企业各部门与各个供应商参与维护渠道的枢纽。没有高度的责任感与使命感，就无法及时发现供应链运营过程中暴露出来的问题，并提出有效的解决对策。所以，企业高层在考核零售渠道管理团队绩效的时候，不能只看他们开发了多少新渠道，还应该考查他们对现有渠道的维护是否到位。

（2）保持与供应商的有效沟通

由于具体业务往来较多，渠道经理就是供应商眼中的零售企业代表。当供应商遇到困难时，就会向渠道经理求助。假如渠道经理迟迟不能解决他们的问题，也不能给出明确的回复意见，供应商很可能会选择退出。这显然是供应链维护中的大事故。因此，渠道经理应该与供应商共同拟定一个责任明确、步骤简明的业务流程指导书。通过这份规范的正式文件来明确各个环节的具体负责人，确保零售企业与供应商之间形成畅通的沟通协调机制。

（3）重视渠道数据的整理和分析

发达的信息技术为零售渠道管理提供了很多便利。窜货现象与渠道冲突也可以由区域市场销售额、进货量等数据的异常波动来预判。在现代企业管理中，没有数据支持的供应链维护工作都是盲目的。重视数据的采集、整理和分析，是当代渠道经理的一项基本素质。所以，渠道经理应当系统整理企业各部门、门店和供应商的数据，用横向对比或纵向对比等方法来把握市场行情变动，及时察觉供应链运营过程中出现的纰漏。

（4）掌握灵活多样的维护技巧

有的渠道经理常以简单粗暴的方式处理问题。这不仅无法起到润滑渠道的作用，还会加深渠道冲突。为了真正保持渠道的畅通与润滑，渠道经理必须讲究方式方法，学会以柔克刚。比如：通过换位思考来摸清供应商的“痛点”，提供更多的支持；通过树立先进榜样来劝导其他不严格遵守公司渠道政策的供应商；通过联谊会、洽谈会、培训讲座等方式来促进与供应商的交流，主动化解潜在的冲突。

零售新手的课外练习

采访公司的渠道经理

要求：根据下面表格中所列的问题，向渠道经理进行采访，以了解公司与各供应商的合作情况。

问题	回复情况
公司目前有几个供应商？ 他们与您的关系如何？	
哪个供应商跟您合作最多？提供的是什么商品？	
您跟供应商多久进行一次沟通？	
您跟供应商打交道时最头疼的问题是什么？	

拓展阅读：2017年亚马逊全球开店入驻条件

以下是亚马逊集团官方于2017年3月6日正式发布的亚马逊全球开店入驻条件：

一、法人实体营业执照扫描件或复印件（香港公司则为公司注册证明书+商业登记条例）

说明：

1. 中国内地境内、香港特区、台湾地区注册的有限公司法人

2. 不接受个体工商户

3. 不接受澳门特区法人

4. 复印件应该清晰可读，营业执照不能过期，且营业执照上的公司名称应与您注册的亚马逊账户上的名称一致

二、身份证正反两面的扫描件应清晰可读

1. 您的身份证明文件必须为以下语言之一：中文、英语、法语、德语、意大利语、日语、葡萄牙语或西班牙语。如果不是其中任何一种语言，请提供您的护照或公证翻译成其中一种语言的身份证明文件。

2. 身份证上的姓名应与您注册的亚马逊账户上的名称一致。

三、公司账单或者法人个人账单（入驻美国站点必须提供，欧洲/日本站点暂不需要）

说明：

1. 必须为正规公用事业单位出具的近90天内任一水、电、煤气、宽带、电话、手机账单或发票

2. 开具机构须为自来水公司、煤气公司、电力公司、电信分公司、税务机关等，须真实有效

3. 银行账户对账单上的地址和公司名称，应与您注册的亚马逊账户上的一致

4. 不接受任何由物业公司或私人房东开具的账单、发票、收据

5. 不接受任何银行的信用卡账单

四、一张VISA信用卡

说明：

1. 可使用中国境内银行签发的VISA双币信用卡（能扣美金），日本站点除VISA信用卡外也可用JCB卡（能扣日币）

2. 美国/日本站点可以使用持卡人为他人的信用卡

3. 欧洲站点的信用卡持卡人必须为公司法人/受益人或者由公司承债的商务信用卡

五、一个海外收款账号（下列任意一种收款方式）

1. 海外银行借记账号（美国、英国、德国、奥地利、法国任何一国的当地银行账号）

2. 香港银行账号（非中国境内银行属性）

3. 第三方收款机构签发的跨境收款账号（例如Payoneer 卡）

说明：

1. 个人银行账户或者公司银行账户都可以

2. 美国/日本站点可以使用别人的账号/借记卡

3. 欧洲站点如使用个人账户，则收款账号必须为法人/受益人的借记卡或银行账号

六、具备ISO 9001质量标准认证

不论是哪种类型的卖家，均需要具备国际资质专业检测公司审核颁发的有效ISO 9001质量标准认证。生产厂商需提交ISO 9001质量管理体系认证，贸易服务商须提交所售产品工厂的ISO 9001质量管理体系认证。

对于在亚马逊欧洲站点开店的，还须具备 KYC 审核资质：

A. 工商注册信息（Business Registration Extract）：即公司营业执照扫描件（请提供清晰彩色扫描件）。内地公司：营业执照。香港公司：公司注册证明书+商业登记条例。

B. 首要联系人和受益人（Primary Contact Person/Beneficial Owner）的身份证件：您需要上传相关人员的护照扫描件；如果没有护照，可以提供身份证（正反面）加上户口本本人页的扫描件。

C. 公司费用账单（A copy of business expenses from the following list）：请提供以下任意一张账单：水、电、燃气费用账单，固定电话账单，手机话费账单，网络费用账单，银行对账单，税务、保险及社保账单等。一般情况下，此项内地公司不做要求，香港、台湾注册公司必须提供。

账单要求：开具日期在90天以内，公司名称需要与之前录入卖家平台的公司法定名称相符，要求账单地址和营业执照地址或实际运营地址相符。以上账单必须由公共事业单位出具。如果您的公司账单是在房东名下，需要有正规的房屋租赁合同来证明其中的关系。

D. 首要联系人和受益人的日常费用账单（A copy of household expenses from the following list）：请提供以下任意一张账单，水、电、燃气费用账单，固定电话账单，手机话费账单，网络费用账单，个人信用卡账单，税务、保险及社保账单等。账单需由正规的公共事业单位出具。如果您的个人账单在配偶名下，需要同时提交结婚证。如果您的账单是在房东名下，需要有正规的公司出具的房屋租赁合同来证明关系。

账单要求：开具日期在90天以内，地址需要与之前录入卖家平台的首要联系人或受益人的居住地址相符。如果无法提供上述账单，也可以提供个人的暂住证或者临时居住证。

E. 对公银行账户对账单（Proof of bank account ownership）：请提供一张贵公司在任意一家银行开户的对公银行账户对账单。

账单要求：包含清晰的银行logo或名称，需有公司名称和银行账号。公司名称须与之前录入卖家平台中的公司名称保持一致。账单可以无日期，如果包含日期，需要在12个月内。如需保密，可自行遮蔽流水往来记录。对公账户的银行开户许可证，如开户日期在12个月以内，也可接受。不接受电子账单，须为纸质账单扫描件。

F. 收款人的境外银行账户（Proof of Foreign Account）：建议使用公司对公账户或者受益人个人账户（例如法人的 Payoneer 收款账户）。

说明：

1. 受益人信息（Beneficial Owner Information）：受益人必须是公司所有人或管理者，即直接或间接拥有公司 25%及以上股份，或对业务发展有决定权，或以其他形式对公司行使管理权的自然人或者公司。人数必须与实际情况相符，其信息才会被验证。

2. 授权书（Letter of Authorization）：我们可能会要求您上传一份由公司法人出具的授权书，授权首要联系人代表贵公司开设和实际运营您的卖家账户，并遵循用户协议及其他条款。

3. 公司章程（Articles of Association/Statute）：我们可能需要您在审核过程中提供包含受益人及其股权分配信息的公司章程以便审核。

PART FIVE

根据顾客购物心理学设计店内布局

顾客的消费并不完全依赖于理性的计算，会受到很多非理性因素的影响。经验老到的零售商，非常注意门店内部的布局。店内布局应该顺应顾客的购物习惯，把每个产品放在最合适的地方，设法延长顾客购物的滞留时间，让他们下意识地顺着你设计的购物路线来行动，看到你希望展示的东西。并不是每一个进店的人都会消费，但零售管理者可以通过调整购物环境来激发顾客的购物欲望，提高顾客转化率。通过良好的购物体验，新顾客就有望转化为你的回头客。

商店运行好坏的标准——顾客转化率

1. 什么是顾客转化率?
2. 怎样提高顾客转化率?

1. 有多少顾客是真正的购物者

每一位走进零售店的人都是你的顾客，但他们可能买了东西才离开，也可能没逛几下就走了。无论顾客买不买东西，都能算进客流量，但不能计入交易量。

很久以前，零售商没有特意去调查顾客中有多少人真正完成了购物。大部分店员凭直觉判断几乎所有走进商店的人都买了东西，什么都没买就走的顾客屈指可数。然而事实并非如此，你的大脑会自动过滤掉很多未购物顾客的信息，只保留了对实际购物者的记忆。假如派专门的调研人员统计一整天进入商店的人数，再与收银台记录的已付账人数进行对比，真正买了东西的顾客可能还不到总客流量的一半。

为了更好地认清这个现实，我们可以引入顾客转化率的概念，即真正购入商品的顾客与进入商店的顾客总数之比。片面追求提高客流量的做法，只是在制造虚高的人气，并不会真正提高销售额。零售商应该设法改进购物环境，提供优惠政策，以便让更多人买了东西再走，提高顾客转化率。

零售冷知识

商业场所的长椅能让老年人行走的距离加倍

商业场所的设计师应该认真考虑座位的问题。……我们注意到，椅子可以让老年人行走的距离加倍。有些老人走一小会儿就会觉得累，然后想回去了。但这时若在阴凉处设一张椅子供人休息的话，歇一会儿后，老人就会继续往前走。在零售环境中，椅子的主要目的有所不同：人们和自己的爱人、孩子或朋友三三两两地来购物时，椅子会让他们中间不购物的人更舒服自在，再也不必总是跟在购物者后面。

——美国消费行为学专家帕科·昂德希尔

2. 影响顾客转化率的因素

顾客转化率在很大程度上与商店的类型或商品的种类有密切联系，会随之产生很大的变化。

比如，超市的卫生纸与食品专柜可能会产生接近100%的转化率，这些廉价商品大家都买得起且日常需求量很大。而艺术品店与珠宝店的顾客转化率百中无一，因为这些商店出售的商品价格昂贵，而且对顾客的鉴赏能力和消费能力都要求很高，能达到这个标准的顾客自然比较少。

此外，广告宣传措施、促销活动、展品陈列方式、商店的地理位置、店内布局等方面也对顾客转化率有所影响。当然，最关键的因素还是店员的服务水平和专业素养。

顾客在逛商场时，其实并不清楚自己想要的东西在哪里。假如你能帮他们更快结束寻找，就有希望促成真正的消费。顾客转化率本质上衡量的是零售商在可控制的环境中的表现。商店运营状况是好是坏，从顾客转化率中可以看出个大概。

零售新手的课外练习

统计零售连锁店当天的顾客转化率

要求：选择公司的五个分店作为调查对象，利用大数据工具和监控录像来统计当天的总体客流量，再结合收银台上传的销售数据推算当天实际上有多少人购物，然后算出当天的顾客转化率。

分店名称	当日总体客流量	当日购物人数	当日顾客转化率

购物需要留出“缓冲地带”

1. 什么是购物的“缓冲地带”？
2. 怎样设置具有缓冲作用的“过渡区”？

1. 拥挤是门店销量的杀手

当你一进入商店就看到收银台前排着长长的队伍时，第一反应恐怕是先去别的地方逛逛，等会再来。假如过一段时间后再看还是这幅景象时，也许就会把采购计划改在明天进行。这种想法是大多数顾客的本能反应。假如交易进展过慢，或者等候结账的人群挤成一团，顾客就算不离开也会觉得不舒服。因为我们讨厌拥挤的购物环境，讨厌等待。

等待时间是衡量顾客满意度的一个重要指标。零售店出现排长队的原因通常有两个：一是遇上高峰期，二是办事效率太低。顾客通常会倾向于后一种判断，从而对零售店感到不满，减少光临次数。

顾客不喜欢等待太久，但有研究表明，他们在店内停留时间越长，购物的可能性就越大。而这个停留时间取决于顾客对购物过程是否感到惬意。想要延长顾客在店内的停留时间，显然不能通过收银台排长队的形式实现。而应该设置一些“缓冲地带”，也就是“过渡区”，让他们不由自主地停下来仔细看，放慢自己的脚步。

零售冷知识

购物者通常不会仔细看店门上的信息

人们有个根深蒂固的观念，认为挤在人群前面，排在队伍前面，就会获得更多的好处。所以，零售商经常喜欢把某些厂商的名称和广告贴在商店的前门，以为这样做能提高销售信息的曝光率。其实不然。在零售环境中，人们有时候最不愿意去的就是前门。事实上，购物者来到商店门前时并不会站在门口仔细观看上面贴的广告。他们的关注点往往是门把手或者“推”“拉”的提示。购物者在这种情况下会站在店门前仔细看门口贴的广告——在商店关门时停下来看门口贴的营业时间。门上贴的广告这时候也许能起一点实际意义不大的宣传作用。

2. 我们应该在过渡区里做些什么

顾客进店之后看似脚步匆匆，实际上已经在快速观察购物环境，随时为自己感兴趣的东西停下来。他们刚进店的时候还没完成调整，直到第一次放慢脚步时，心思才真正进入店内。零售商要做的，就是合理安排过渡区，给顾客制造第一次放慢脚步的机会。

我们必须谨记，不要在过渡区（特别是入口处的过渡区）放置重要商品或安排活动，并在力所能及的范围内缩小过渡区。零售商在过渡区该做的事情主要有以下几点：

◎在过渡区向顾客打招呼，提醒他们已经进入商店了。

◎提供购物筐、地图、优惠券、打折商品等。

◎在入口和商品之间保持一些距离，让顾客来到商品前面时能多看几眼，产生视觉预期。

◎利用镜子、试衣间、座椅来制造顾客独处的空间，延长他们的停留时间。

零售新手的课外练习

调查零售连锁店的“缓冲地带”的设置情况

要求：选择公司的五个分店作为调查对象，观察各分店的建筑面积、货架数量、通道数量、有无休息区等情况，以此评估该分店是否为顾客设置了足够的“缓冲地带”。

分店名称	建筑面积	货架数量	通道数量	有无休息区

用广告牌打断购物者的视线

1. 为什么要用广告牌尽量打断购物者的视线？
2. 门店里的广告牌应该放在什么位置才能实现最佳效果？

1. 广告牌设置要符合顾客的节奏

美国著名零售顾问吉艾米·欧文斯指出：“购物者在三秒钟内就能确定有关零售店的以下信息：店名、营业范围、与众不同的细节、商品的价位、商品有什么特色。购物者如果需要购买你展台上陈列的商品，他们会自己主动找上门来。而另一些人只有经过你的引导后才会走进你的门店。如果没有独特的零售店形象，人们就不会从无数的零售店中找到你所在的商店。”

在商店内设置广告就是基于这个目的，但很多广告并没起到相应的作用。它们一开始就没能抓住顾客的注意力，后面也不会起到这个效果。因为许多广告表达的内容过多过快，让顾客无法在瞬间抓住重点。顾客会自动忽略所有超出自己最大承受力的东西，以免把自己搞糊涂。

因此，零售商在放置广告牌前，应该对店内的各个商品分区进行规划。亲自在各个通道走一走，每走一步都问自己：如果我是顾客的话，会在这里做什么？广告牌放在这里时，我会看吗？我站在这里时第一眼看到的是什么东西？我会以多快的速度经过这里？

顾客在不同区域的停留时间不一样。有的地方会快速经过，有的会慢下来仔细浏览。前一类区域显然不适合放置字数较多的广告牌，应该布置简短有力且抓人眼球的广告语。后一类区域则适合放内容更长的广告。总之要因地制宜。

零售冷知识

广告牌必须跟商店挂钩吗

过去，当我们设计和放置某个广告牌及其他信息媒介时，最常见的错误就是认为它们必须与商店挂钩。但现在，我们讨论的广告牌已经不再只以传递商店的信息为目的。因为广告牌既是一个三维的、出现在屏幕上的广告，也是一个默默向客户展示话语、思想、信息和理念的途径。人们看到这个广告牌，就会从中了解很多信息。如果广告牌设计得正确，那么这些信息就会吸引人们的注意力，并诱导人们去看并且购买商品，也许改天还会回来再买一些。顾客由此得知可以买什么，东西放在哪里，为什么要买该商品。另外，顾客还能得到关于商品有什么用途、什么时候用，以及如何使用等信息。

——美国消费行为学家　帕科·昂德希尔

2. 以打断购物者的视线为宗旨

当你站在一个位置时，眼睛会往哪里看，哪里就是应该放广告牌的地方。因为广告牌挡住顾客的视线时，他们会被吸引并仔细确认上面的内容。

想给人留下深刻印象的广告牌，可以放在橱窗里或者进门的位置，以确保顾客第一眼能看到它。这类广告牌在每个顾客面前的平均展示时间均低于2秒钟，所以广告内容的长短要控制在1秒半能读完的篇幅。

快餐店喜欢把广告放置在柜台。因为那里是顾客第一时间想找的地方。而且顾客点餐完毕后有一个等餐时间。他们在这个等候阶段会找一些东西看，这就是展示广告的好机会。据研究表明，61%的顾客有点完餐后继续阅读菜单的习惯。

展示广告不仅要选择合适的位置，还要在内容上花点心思。现在的广告里充斥着很多杂乱信息，导致重点未能突出。零售商应该控制店内的广告数量，过多的广告会冲淡顾客的印象，最终什么信息都没能有效传达。

零售新手的课外练习

调查零售连锁店的广告牌情况

要求：选择五个分店作为调查对象，观察各分店的广告牌数量、有哪些广告赞助商、广告牌的分布状况、顾客反馈意见等情况，以此评估该分店的广告牌设计格局是否能让顾客产生更强的购物欲。

分店名称	广告牌数量	赞助商	广告牌分布	顾客反馈意见

根据顾客的移动习惯来设计购买路线

1. 顾客最主要的移动习惯是什么?
2. 怎样把顾客的视线引向商店推荐的产品?

1. 知道顾客怎么走，才能弄清怎么卖

顾客进店后会按照一定的路线行走，他们不可能记住所有的商品，只能注意到眼中所见的部分商品。如果你想让自己主推的商品及时出现在顾客眼前，就要弄清楚他们的行动路线。通过调查顾客在每个购物区的移动轨迹，我们会知道大部分人通常会把注意力放在哪里，会漏掉哪个角落的商品。

顺着顾客的行走路线和视线设计店内布局，就能让更多商品在更多顾客的眼前出现，顾客的停留时间也就越长。按照零售专家的说法，能将商品放在人们的行进路线上和视线范围内，并让他们考虑购买这种商品的商店，就是一家好商店。

零售商可以借助摄像头和派出观察员的手段来画出顾客的路线图。设定一个时间（比如一个小时），在规定时间内，观察员快速穿过门店的各个购物区，计算出各个购物区有多少顾客。理论上，顾客流动状况良好的商店基本不存在人迹罕至的盲区，每个角落都能看到人。假如店内布局不够合理的话，就会出现一些高峰期也很冷清的死角。

顾客是不会改变自己的移动习惯的，要改变的只能是零售商的观念。根据顾客的移动习惯来重新调整布局，才能事半功倍。

零售冷知识

商品的“V形展示法”

所谓“V形展示法”，指的是把货架摆成像军人V形臂章的样子。主要措施是把货架和通道之间的角度由原先的90度直角改为45度角。这种商品陈列方法能让更多商品进入顾客的视野之内。对于那些顾客浏览时间越长销量就越高的产品而言，V形展示法效果很好。

不过，V形展示法也存在一个问题——V形货架比常规摆法多占1/5的空间。也就是说，商店的空间利用率会降低20%，所能展现的商品数量也下降到原先的80%。采用V形展示法的关键在于，V形布局能否给商店带来更多的销售额。在展示商品变少但布局更加合理的前提下，商店的销售额是否能实现预期的增长？这需要根据每个零售店的具体情况来具体分析。

2. 可以利用顾客的移动习惯

通常而言，人们会本能地朝右边走。零售商可以把需要促销的商品放在顾客所站位置的右侧，即选择顾客行走路线右侧的货架摆放主推商品。

顾客总是向前看、往前走，他们靠近橱窗和货架的路线都是斜的。假如广告和商品跟橱窗、货架保持平行，那么顾客很难第一眼发现它。因此，橱窗里的展品往左边倾斜有利于提高它被顾客看到的概率。

顾客的行动路线决定了其视野范围。零售商在设计店内布局时一定要在脑子里想着“视线”二字。要让顾客能看清前方有什么，四周又有什么。很多商店在货架前摆放的商品和广告挡住了顾客的视线。这会给顾客寻找商品增加阻碍。根据零售专家的调查，只有大约1/5的顾客看到了货架上的每一种商品。

购物者的视线主要集中在比眼睛高一点一直往下到膝盖这个范围。此外，他们在某个货架上选购完商品后抬头的一瞬间，会看到四五米远的地方。这些位置都可以用来摆放主打商品。

零售新手的课外练习

调查零售连锁店的购物路线设计情况

要求：选择五个分店作为调查对象，观察各分店的通道数量、通道长度、货架摆放方式、促销商品陈列方式等情况，以此评估该分店的购物路线设计格局是否能让顾客产生更强的购物欲。

分店名称	通道数量	通道长度	货架摆放方式	促销品陈列方式

拓展阅读：家乐福录用员工的条件

成立于1959年的家乐福集团有一套严密的人力资源管理制度，下面是家乐福员工手册里关于员工录用的章节：

第二章　录用

第一条　录用原则

1.1 员工的招聘将根据公司的需要进行。

1.2 本公司采用公平、公正、公开的原则，招聘优秀、适用之人才，无种族、宗教、性别、年龄及残疾等区别。

1.3 本公司的招聘以面试方式为主。

第二条　录用条件

2.1　新聘员工一般实行试用期制度，试用期限按地方政府和劳动合同的有关规定予以确定。

2.2　试用期满考核

2.2.1 新聘人员试用期满前，由各部门主管进行考核，考核合格者正式录用。试用期内如发现不符合录用条件的，可随时依法解除劳动合同。

2.2.2 试用人员试用合格，其工龄自试用起始之日计算。

2.3 以下情况均将被视为不符合录用条件：

◎曾经被本公司开除或未经批准擅自离职者。

◎判处有期徒刑，尚在服刑者。

◎被剥夺公民权利者。

◎通缉在案者。

◎经公司指定医院体检不合格者。

◎未满16周岁者。

◎有欺骗、隐瞒行为者。

◎患有精神病或传染病者。

◎酗酒、吸毒者。

◎不具备政府规定的就业手续者。

◎亏空、拖欠公款尚未清偿者。

◎工作能力不符合要求者。

◎曾担任课长及以上职务因任何原因离开本公司者（经中国区总裁特批除外）。

第三条　录用程序

3.1 各部门主管可以根据本部门发展或职位空缺情况,协同人力资源部进行招聘。

3.2 公司指定应聘人员，实行体检制度。

3.2.1 公司指定应聘人员在试用期开始以前都必须在公司指定的医院进行指定项目的体检，并向人力资源部出示体检证明。只有经证明其健康状况适合工作者，才可依照劳动合同被公司录用。

3.2.2 公司指定的员工应当进行年度体检，以保证公司的全面卫生质量。如员工患传染病，将被调任其他职位或在治疗期间暂停工作。

3.2.3 公司指定体检的员工，可凭医院体检原始发票在试用期满后向公司报销其体检费。

3.3 新录用人员报到应先到人力资源部办理下列手续：

◎如实填写相关人事资料表格。

◎递交体检合格证明书原件。

◎核对并递交学历证书原件。

◎核对并递交身份证原件、当地政府规定的各类就业证件原件，各项社会保障的转移手续。

◎交一寸的半身照片3张。

◎需要办理的其他手续。

3.4 新录用员工报到后，公司凭其提供的合法用工证明与其签署劳动合同书。在试用期满之前，3.3条款所规定手续仍无法齐备的，将被视为不符合录用条件,依照政府相关规定，公司与其解除劳动关系，并不支付经济赔偿。

3.5 所有员工个人情况如住址、婚姻状况、生育状况、紧急情况通知人发生变化时，应于七日内通知人力资源部。

第四条　录用禁忌

4.1 本公司实行亲属回避制度。

4.1.1 凡在本公司有亲属关系的应当如实申报，否则将视为欺骗行为。

4.1.2 一般情况下员工的亲属（如父母、配偶、子女、兄弟姐妹等）不得被公司雇用，但在特殊情况下，经店长或区经理批准可以雇用。

4.1.3 如员工与公司另一名员工结婚，则管理部门可以调动任何一方的工作部门或工作地点。

4.2 公司是员工唯一的雇主。

4.2.1 员工在为公司服务期间不得在其他任何公司或机构从事兼职或专职工作；未经批准，员工不得为其他任何公司或机构从事商业活动，即使是无偿的。

4.2.2 员工希望为其他个人、企业、各类机构临时工作，应该获得公司事先书面批准。公司有权随时撤销上述批准。

4.2.3 未经批准，职工首次接受其他报酬时，亦将被视为其主动向公司提出辞职。

第6章

PART SIX

你的货架上应该放什么商品

零售门店每天要售卖大量多品种的商品。如果没有出色的商品管理，门店的运营很快就会变得一团糟。顾客不感兴趣的商品充斥着货架，堆积如山的库存难以消化；顾客感兴趣的产品却总是供不应求，迟迟得不到充足的货源。这样下去会导致门店的客流量门可罗雀，销售额严重亏损。作为零售企业管理者，我们必须学会对商品进行合理的分类规划，把库存控制在一个合理的水平，根据市场形势调整采购计划，根据各个门店的区域市场差异来分配货物。

商品的分类调整，以不惹毛顾客为准

1. 零售店的货架上通常需要哪些产品?

2. 为什么有些顾客需要的产品总是缺货?

1. 常见的商品分类

顾客最讨厌自己想买的东西没有货。假如他们三次来店里询问都得到否定答案，那么零售商就会失去他们的信任。

零售店不可能拥有世界上所有的商品，但必须要包括绝大多数跟顾客衣食住行、吃喝玩乐有关的商品。否则，很多顾客会从你的门店流失到竞争对手那边。

通常而言，零售店的货架上应该包括以下几类商品：

（1）重要商品

主要是那些零售商长期持有的商品种类。比如，超市里的零食、生鲜、纸巾、锅碗瓢盆杯叉筷等，百货公司的手表、玻璃制品、床上用品、文体用品等。这些商品的需求量长期稳定，能提供相对稳定的销售额。

（2）配饰品

零售商要准备品类繁多的配件和饰品，以供顾客挑选。配饰品的需求波动难以预料，尺码、款式、流行时间多变。

（3）时尚商品

主要指那些因顾客喜好与生活方式变化而产生周期性销售变化的商品。时尚商品更难预测，因为每年的流行时尚都在不停地变化。

（4）季节性商品

销量在不同时间段具有稳定变化规律的商品。比如，电风扇、空调、电暖器等在每年特定季节的销量会特别好，过了那个季节就会迅速冷淡下来。每年的周期大致相同，可以很方便地预测销售情况。

（5）狂热商品

主要是指那些在短时期内能产生很高销售额的热卖商品，如游戏、玩具、文化周边商品等。

零售商会根据过去各类商品的销量来确定一个“永不过时清单”，把销量较好的商品加入清单当中，把销量下降的商品剔除出去。根据这个清单来采购足够的商品，以保持库存的充足。

零售冷知识

Book People书店的个性商品组合

Book People书店位于美国德克萨斯州奥斯汀市全食超市旗舰店的街对面。这家书店的书籍陈列方式别具一格。比如，它把烹饪类书籍摆在一个老式烤炉里，店里的座位零星分布在四处，烘托出店内的主打产品——书籍。体育类书籍和科技类书籍的区域配备了老式的理发椅和躺椅。店主在四周设置了与书籍主题相同的衍生产品区，比如，动物帽子、面具等玩具跟儿童书籍放在一起，占星服、珠宝和蜡烛跟神秘文化读物搭配。Book People书店的收银台处还有小点心、Book People牌的巧克力条以及印有“让奥斯汀特立独行吧”字样的文化衫。这家书店实际上是在向爱书的顾客推销所有商品。当然，它本质上仍然是正规的书店。

2. 常见的零售商品组合战略

以下是四种常见的零售商品组合战略：

组合类型	特点	优势	劣势
宽深组合	◎商品/服务种类多 ◎各个大类的品种数量庞大	◎市场广阔 ◎选择余地大 ◎客流量大 ◎顾客忠诚度高 ◎可以一站式购物 ◎顾客能各取所需	◎存货成本投入多 ◎一般形象 ◎许多商品周转率低 ◎过时商品积压多
宽浅组合	◎商品/服务种类多 ◎各个大类的品种数量有限	◎市场广阔 ◎客流量大 ◎顾客感到方便 ◎比宽深组合成本低 ◎可以一站式购物	◎产品线内品种较少 ◎忽视某些顾客需求 ◎弱势形象 ◎许多商品周转率低 ◎顾客忠诚度下降
窄深组合	◎商品/服务种类少 ◎各个大类的品种数量庞大	◎利于塑造专家形象 ◎顾客选择很多 ◎员工专业化程度高 ◎顾客忠诚度高 ◎顾客满意度高 ◎比宽深组合成本低	◎过于关注单个品种 ◎做不到一站式购物 ◎易受周期走势影响 ◎扩大交易的成本高 ◎延伸品少或没有
窄浅组合	◎商品/服务种类少 ◎各个大类的品种数量有限	◎目标是方便顾客 ◎成本最低 ◎商品周转率高	◎没有宽度和深度 ◎做不到一站式购物 ◎忽视某些顾客需求 ◎弱势形象 ◎交易面小 ◎延伸品少或没有

零售新手的课外练习

调查你家周边的超级市场

要求：以你家为中心搜索周边2公里内的五家超级市场，记下它们的名称，了解其主要售卖的产品种类，以及热卖产品品牌，观察每一家超级市场一天内的客流量有多大。

商店名称	产品种类	热卖产品品牌	一天的客流量

预测商品类别的生命周期

1. 商品类别的生命周期分为哪几个阶段?
2. 商品类别的生命周期对零售店运营有哪些影响?

1. 商品类别的生命周期

每种商品类别都会经历引入期、成长期、成熟期和衰退期四个生命周期。零售商只有准确了解某一商品类别所在的生命周期阶段后，才能制订出合理的商品管理计划、价格调整计划以及促销组合计划。零售商和供应商的一举一动，都会影响某类商品生命周期曲线的走势，所以必须慎重对待。按照业内的分类，不同商品类别的生命周期曲线各异。

（1）时髦商品

销售周期无法持续多个季节，一种特定的产品款式只能流行一段时间，季节销售额没什么明显差别。

（2）流行饰品

销售周期可以持续多个季节，一种特定的产品款式只能流行一段时间，季节销售额有淡季和旺季的悬殊差别。

（3）大宗商品

销售周期可以持续多个季节，一种特定的产品款式可以流行多个季节，季节销售额没什么明显差别。

因此，零售商应该区别对待不同的商品类别，制定出有针对性的营销战略。

零售冷知识

碳酸饮料的销量会随着气温的变化而浮动

英国一项市场研究表明，当气温介于18～24℃时，温度每上升1℃，碳酸饮料的销量就会提高4倍。不过，一旦气温超过24℃，碳酸饮料的销量就不会再提高，反而会下降。因为，人们更倾向于用喝更多白开水的方式来解渴，而不是喝更多的碳酸饮料。当口渴的消费者寻求价位更低廉的饮品时，他们的品牌偏好也会发生一定的变化。

2. 基于商品生命周期的应对策略

（1）微观策略：进货比预计销售量多一点

所有的采购员订购的商品都超过预计销售的数量。因为，订购过多货物和季末剩余商品打折带来的损失，比某个热销商品在季末到来前缺货要少得多。后者不仅会让零售商因断货而错失销售良机，而且会给顾客留下管理能力不足的坏印象。季末剩余商品打折虽然少赚了很多钱，但仍然保持着一定的毛利润。

（2）宏观策略：与全球优质产品源头合作

传统零售企业对全供应链控制能力较弱，信息传导响应不及时，供需错配导致企业库存高企、周转率低、商品同质化等问题不断加剧。为了解决这些问题，国内零售商纷纷从2016年开始与全球优质产品源头展开合作。在全球优质产品的货源地建设自己的基地，与当地供应商进行产端战略合作，实现了供应链去中间化和品质化。

比如，大商集团在2016年频频出手，收购了澳大利亚格林岩石牧场、德国城堡酿酒厂等上游生产商。凭借对上游优质产品源头的控制，大商集团大量引进国内市场缺乏的品质化特色商品资源。集团在2016年的年利润较上年提升了52.3个百分点。

零售新手的课外练习

调查零售店新产品的生命周期

要求：从零售店里选择五种新上市的产品作为调查对象，统计这五种新产品在第一周、第二周、第三周、第四周的销售量，然后根据销售量与销售总额的变化来判断当地消费者对这些新产品是否还保持着较高的兴趣。

新产品名称	第一周销售量	第二周销售量	第三周销售量	第四周销售量

商品管理的第一要务——控制库存

1. 库存管理的主要难点有哪些？
2. 怎样加强库存商品的防盗管理？

1. 库存管理的关键是寻找平衡点

供应商与零售商能否正常运营并赚取利润，与库存管理有着直接联系。零售商通过库存管理来保持相对合理的商品组合结构。假如商品滞销，积压的库存会给零售商带来沉重的负担；假如商品热销，仓库很容易出现断货的情况，进货速度可能赶不上市场需求。无论哪种情况，都意味着企业浪费了很多资金在库存环节，销售额将不可避免地下降。

零售商既不希望因缺货而错失销售良机，也不希望被积压商品逼得割肉降价。但保持一个平衡点又谈何容易。零售商品多种多样，每一个细分市场都瞬息万变，理想的平衡点一直在游动。这就要求零售商必须具备快速的反应能力和快速的销货能力。

沃尔玛等企业的解决办法是让供应商也参与到存货管理当中，双方一起管理库存，根据市场变化及时调整供应量。有的零售商则利用互联网和大数据来实现精准营销，根据顾客的订单进行精益生产，以免浪费库存。

零售冷知识

存货损失给美国零售行业带来的影响

每年，美国大约有400亿美元（全世界为1050亿美元）的零售销售额损失为员工盗窃、顾客入店行窃、供应商欺诈和管理上的差错（错误的文书工作和电脑输入）带来的存货损失。在美国，以上因素造成的损失所占的比例分别是：员工因素占46%，顾客因素占34%，供应商因素占5%，管理因素占15%。正如这些数据所显示的，员工盗窃比购物者盗窃更为严重。在零售店中，损失占销售额的比率从1%到超过3%不等。这意味着一家年销售额50万美元的小型商店每年因损耗而产生1.5万美元的损失，年销售额300万美元的大型商店则因损耗而产生9万美元或者更多的损失。因此，所有零售商都需要采取一些保证商品安全的措施。

——摘自《零售管理》(第11版)

2. 不容忽视的商品安保问题

为了预防员工或顾客盗窃造成库存损失，零售商可以采取以下措施：

（1）预防员工盗窃的手段

◎严格管理垃圾通道，以免商品被人悄悄从通道带出去。

◎利用监视器和便衣的“特殊顾客”（公司督察员）来核查所有的销售是否均已结款。

◎利用中央控制系统监视所有的出入通道并控制门的开关。

◎明确商品分配责任，将负责出纳的员工与负责记录销售情况的员工严格分开。

◎对发现盗窃行为的员工进行奖励。

◎制订德育和法制教育培训计划。

◎严查所有已知的损失与不守规矩者。

（2）营业时间内的防盗措施

◎保安加强巡逻。

◎增设监视器与镜子，减少监视盲区。

◎对容易被偷窃的高价值商品采用电子商品监视器。

◎根据商品的损失情况扣除员工的奖金。

◎要求顾客把箱包放在存包处。

◎用电子设备检查所有带入商店的箱包。

◎用自锁式陈列柜来放置高档奢侈品。

◎高价服装集中摆放。

◎改变出口附近的服装挂钩方向，增加盗窃者顺手牵羊的难度。

◎适当减少商店的出入口，以及出口附近的陈列商品数量，勿把高价值商品放在那里。

◎起诉所有有偷窃行为的个体。

（3）停止营业期间的防盗措施

◎晚上彻底检查门店，确保店内无人逗留。

◎利用超声波或红外线探测器、盗窃报警器加强防盗。

◎把高价值商品锁入保险柜。

◎用防弹玻璃或铁栅栏加固橱窗，以免盗窃者破窗而入。

◎确保商店出口有探照灯。

◎定期检查报警装置与监控设备是否正常运行。

零售新手的课外练习

调查零售店一个月内的库存量变化

要求：从零售店里选择五种商品作为调查对象，统计这五种商品在第一周、第二周、第三周、第四周的库存量，然后根据库存量与销售总额的变化来判断当地消费者对这些产品是否欢迎。

商品名称	第一周库存量	第二周库存量	第三周库存量	第四周库存量

制订商品计划时应当考虑的问题

1. 制订商品计划需注意哪些因素？
2. 商品计划的创新性取决于哪些因素？

1. 商品计划中应该包含的因素

一份完整的商品计划，应该包含以下几个因素：

（1）综合预测

预测是商品计划的基础，零售商应当对公司整体发展状况、商品种类、各个商品的预期销售额、每个店铺的预期销售额等内容进行预测。这样可以为整个公司制订一个从上到下无所不包的商品计划。

（2）计划的创新性

选择保守型发展战略的零售商，也会遇到商品种类和服务种类更新换代的问题。如果是推崇创新的零售商，更要认真考虑商品计划的创新性。因为，新商品及服务会改变原有的商品销售格局，零售商必须通盘考虑，才能保证每个营销环节衔接到位。

（3）确定商品种类搭配

零售商经营的商品种类繁多，需要进行分组归类。企业面向的目标顾客可以分为高收入人群、中高收入人群、低收入人群等不同群体。每个消费群体对商品的需求不一样。零售商要明确自己主要开发哪个目标顾客群体，或者通过商品组合来吸引多个细分市场。

（4）选择商品品牌

品牌是商品的生命。零售商是多个商品品牌的销售者，可以与各种各样的生产商开展合作。商品计划在很大程度上就是一个品牌组合推广计划。零售商需要在生产商品牌、自有品牌以及非注册品牌之间选择恰当的组合，以扩展自己与合作商的品牌影响力。

（5）选择商品营销时机

新商品的上市时间、展示时间和促销时间都要精心挑选。成熟商品在一年内的商品流量也要考虑在内。零售商要结合销售旺季、预订与送货时间、订单种类、存货周转率、折扣政策等因素来选择时机。

（6）确定商品放置方式

这是商品计划中的最后一个基本内容。零售商需要思考把多少商品存放在门店销售现场，多少商品存入库房，各个连锁分店的商品种类和数量该如何分配。这些都会影响到零售渠道的正常运转。

零售冷知识

预测时尚趋势的切入点

◎这种时尚是否足够新颖？

◎这种时尚能否满足目标消费者的需求？

◎这种时尚能否与新兴的消费者生活方式兼容？

◎开发这种时尚商品的设计师与零售商是否具备良好的商业口碑？

◎这种时尚导向的是大众市场，还是某个细分市场？

◎是否已经有多个设计师在推销这种时尚的某种形式？

◎这种时尚的价格区间是否与你选择的目标市场相匹配？

◎这种时尚能否使用适当的广告？

◎这种时尚会不会随着时间的变化而消退？

◎消费者是否认为这种时尚是一个长期的市场发展趋势？

2. 革新商品计划时应当考虑的因素

革新商品计划时要考虑哪些因素呢？具体内容见下表：

考虑因素	与商品计划的关系
目标市场	评估目标市场风气是偏好保守型的还是创新型的。
商品/服务的发展潜力	结合初期销售、各时期最大销量和销售周期来考虑新商品的前途。
流行趋势	了解垂直和水平的流行趋势，把握市场的时尚风气。
零售商品牌形象	新出的商品组合应该跟公司的品牌形象保持一致，提升品牌口碑。
竞争策略	在选择新商品/服务的过程中，是打算成为市场领导者还是跟风者。
目标顾客分类	把商品分为成熟商品与新商品，细分两者的主要受众。
渠道反应速度	当目标市场出现新的需求时，可以及时推出新商品来占据先机。
投资规模	考虑对每种商品/服务以及培训员工的投资力度。
盈利水平	评估每一种新商品的潜在利润。
潜在风险	了解新商品的投资成本、机会成本以及对零售商可能造成的危害。

（续表）

考虑因素	与商品计划的关系
约束性决策	限制特许经营受许人和连锁分店购买特点商品。
衰退的商品/服务	当销售额和/或利润过低时，及时取消过时的商品、服务。

零售新手的课外练习

预测特定时间段的商品销售额

要求：按照重要商品、配饰品、时尚商品、季节性商品、狂热商品等不同的商品类型来选择五种主打产品，统计这五种商品在上个月的销售额，并预测其在销售旺季和销售淡季的销售额。

商品类型	主打产品	上个月的销售额	旺季预期销售额	淡季预期销售额
重要商品				
配饰品				
时尚商品				
季节性商品				
狂热商品				

采购计划包括哪些内容

1. 采购计划的实施包含哪些步骤?
2. 采购谈判需要注意哪些方面?

1. 采购计划的执行步骤

零售商制订完商品计划后，采购计划的制订就要提上日程。合理的采购计划要经过以下八个步骤：

（1）搜集信息

我们应该从多个途径来获取信息，其中最有价值的信息来自于顾客。店员应该注意观察自己每天接触的顾客，及时反馈顾客的意见。可以通过让顾客填写“需求卡片”的方式来了解他们想要哪些商品。此外，竞争对手也是重要的信息来源。他们开始筹备某种商品的时候，我们也应该重视相关的目标市场。

（2）选择货源

商品的货源包括公司自有的生产机构、外部固定供应商、外部新供应商三个主要来源。零售商可以选择依赖其中一种货源，也可以混合使用三种货源（全球零售巨头都喜欢这么做）。零售商要与供应商保持良好的互动关系，互相推广彼此的品牌。

（3）评估商品

采购计划中必须有一套成熟的评估商品的程序。评估方式通常有以下三种：

◎检查——采购前与收货后要认真检查每一个商品单位，不容马虎。

◎抽查——缺乏时间、人手等条件或者商品的状态不允许逐个检查所有商品时，可以采用抽查法，抽检满意就全盘收货，发现问题就全部退货。

◎描述——通过书面或图片描述形式来采购标准化的、不易碎且不易腐烂的商品时，可以不用检查或抽查，收到订单与货物后清点商品数量即可。

（4）与供应商谈判

零售商接下来应该与供应商对采购合同的具体条款进行谈判。通常在首次订货或某次特别订货时，需要签订一份经谈判达成的合同。此后的例行订货或再订货只需签订一份标准化的合同即可。

（5）确定购买

由多家分店组成的大型零售商，需要由总部、区域或者当地分公司制定最终的采购决策。单店的小型零售商则可以自主决策。需要注意的是，商品所有权的转移分为不同情况，具体包括：零售商在采购后立即拥有对商品的所有权；在商品装上运输工具后即拥有对商品的所有权；在接收送货后拥有对商品的所有权。另外，零售商以委托方式接收商品而不拥有商品所有权时，直到商品售出后才向供应商支付货款，而零售商直到支付货款给供应商的一个账务周期结束后才拥有对商品的所有权。

（6）接收并储存商品

零售商接收商品后，要检查商品是否完好无损、发票是否准确无误并支付货款，给商品贴标签和存货标记，陈列商品，规划现场展品组合，安排人手配送商品，处理退货及损坏的商品，做出防盗部署。商品一般是从供应商处运送到零售商的仓库分配中心，或者直接配送到门店。这个步骤不能掉以轻心。

（7）再订购

零售商根据销售情况决定继续进货时，应该结合订货和送货时间、存货周转率、财务支出、存货与订货成本四个因素来制订相关商品的再订购计划。快销商品可以采取“保持少量存货+经常订货”或“大量订购+延长再订购周期”两种策略。慢销商品可以减少最初订货并延长再订货时间。总之，要尽可能地强化零售商与供应商的关系，同时努力降低存货成本与订货成本。

（8）重新评估

零售商要定期对原先的采购计划进行评估，由管理层负责审核采购部门，监控整个采购流程以及对单个商品与服务的处理工作。通过评估现有采购计划的执行效果来判断是延续现有计划还是调整计划。

零售冷知识

沃尔玛特大购物中心易腐食品部的大宗购买策略

沃尔玛特大购物中心易腐食品部高级副总裁兼商品总经理布鲁斯·彼得森说：“在特大购物中心的策略中，易腐食品的定价扮演着至关重要的角色，支撑着整个商店的形象。例如，香蕉是特大购物中心里最受欢迎的商品之一。如果香蕉的定价很高，那么顾客会认为商店里其他商品的定价，例如搅拌机和香草薄饼的定价也会很高。提供价格低廉的商品，会给沃尔玛和顾客都带来好处。因为沃尔玛的战略是以低廉的价格出售商品，所以我们要保证商品价格的低廉。但是，如果商品的定价过低，就无法达到毛利润目标。我们可以低价出售商品，同时获得利润，这是因为我们沃尔玛与供应商根据时间、商品的可获得性和不同市场之间的竞争来签订合同。”

2. 采购谈判的六个要点

在采购谈判环节中，零售商应该认真与合作方讨论以下六个问题：

（1）价格和毛利润

毫无疑问，采购的最终目的是为了售卖更多的商品，赚取更多的利润。零售商主要通过削减成本来薄利多销，而供应商希望提高供货价格。双方需要讨论出一个彼此都可以接受的平衡点，既不挫伤供应商的积极性，也不损害零售商需要的毛利润。

（2）额外加价机会

零售商和供应商都可能出现对商品销售前景盲目乐观的情况，从而导致商品滞销。零售商通常会对过剩商品进行降价促销。供应商有时候因为零售商取消订单或退货而造成一定的损失。双方都会为了去掉库存而把压力转嫁出去，需要寻找一些额外加价机会来保持盈利。这也需要好好谈判。

（3）采购条件

主要是采购的批次、数量以及付款方式、付款期限等方面。付款期限的长短对零售商和供应商的运营周期有很大影响。双方都想改善自己的现金流状况，减少负债和风险，降低运营费用。零售商还要确保自己在关键时刻不断货。

（4）交付与独占性

零售商总是希望自己能成为市场上第一家或独家经营某种商品的企业。这样可以成为零售市场的领跑者，获得先发优势。这点在销售流行性商品的时候尤为关键。零售商希望能在销售旺季前尽早到货，不让竞争对手提前出手，最好能垄断经营。但供应商可以选择与多个零售商合作，实现销售利润最大化。这也是采购谈判的一个重点。

（5）广告成本

零售商有时候会跟供应商合作分担广告成本，这是一种由供应商组织并负担部分甚至全部定价促销活动的策略。零售商希望供应商能支付更多的经费来做更多的广告宣传。供应商则要权衡利弊后再决定是否参与。谈判的时候应当让供应商觉得有利可图。

（6）物流运输

商品从供应商运输到零售商的库房的运费由谁来承担，也是采购谈判需要讨论的重点。从削减成本的角度考虑，零售商应该尽可能地让供应商提供更多的运输服务，承担更多运输成本。当然，供应商只有在经过某些利益交换后才能同意这种方案。零售商用什么承诺来做交换，是个值得反复权衡的问题。

零售新手的课外练习

统计零售店需要采购的热销商品

要求：选出零售店里最热销的五种商品，统计这五种商品的主要货物来源、上个月的销售额，预测其在下个月的销售额，以此为依据估算所需进货量。

热销商品	主要货源	上个月的销售额	次月预期销量	所需进货量

拓展阅读：永辉超市关于退货的部分规章制度

为了进一步做好控制退货的工作，全力提升管理水平，促进集团的建设与发展，依据集团的经营理念，以及管控退货的基本要求，在摸索总结经验的基础上，经广泛征求意见，现就统一规范门店的退货工作，制定如下实施细则：

一、关于退货的基本准则

（一）凡“物流”配送的商品，其退货审定权归“物流”所有。相关退货品项、数量，统一由“物流”制作退货入库、出库的单据。门店不具有“物流”配送商品的退货审定权。

（二）控制退货，不等于不能退货。凡符合“退货标准”的商品均可以退货，暂时不能退货的品项、数量，由门店自行处置。

（三）凡门店确定的退货商品，须报经超市部领班级以上主管审定、签字。未经领班级以上主管审定签字的退货单据，为无效单据。

（四）任何退货商品，都不应视为“质次品”，而应当妥为包装和保管。凡因保管不当，导致的二次损坏，或渗漏污染，均应由当事人承担相应的责任。

（五）对于退货的品项、数量，门店应按要求填写《门店退货商品清点登记表》。而后，相关责任人应认真点验核对，并签字确认（尤其是门店收货组验货员要点验复核并签字确认）。该表系门店退货的主要凭据。“物流”退货组将据此验收门店的退货。

（六）退货工作不受时间限制，每天都可安排。只要手续完备，门店随时都可将退货商品交每日送货的配送车辆退回“物流”。凡可以退货的商品，原则上门店不再保留库存，以免增加保管的费用。

（七）凡是非“OA”公告的，有一定批量的,且可以再配送的退货商品，“物流”退货组都应及时征求采购主管的意见，以便于决定门店退货的商品是移送配货区，还是退给供应商。

（八）在退货过程中，难免出现一些争议。门店与“物流”应加强沟通，及时通报有关情况，并切实依照“诚信第一，互信互谅”的准则，妥善解决出现的问题。

二、关于退货的掌控标准

通常情况下，除了供应商不接受退货的品项，以及有协议不能退货的品项外，只要符合可退货的标准，门店均可办理退货手续。凡不能退货或暂时不能退货的商品，门店应尽早妥善处理。

（一）凡符合下列情形之一的商品，为“A类”可退货商品。此类商品通常有“OA”公告。凡有“OA”公告的退货商品，门店均可将退货商品交每日送货的配送车辆，直接退回“物流”，无须报批。

1. 商品质量不符合国家标准的商品。如国家权威部门质检鉴定的不合格商品；新闻媒体公告的有质量问题或有嫌疑的不合格商品；以及采购部确认的不合格商品，包括如规格、型号、包装、条码、注册商标、剂量、含量或生产日期等有问题的商品。

2. 季节性停购商品。凡季节性商品，在销售旺期过去之后，依据采购部的安排，未销出的商品，在确定季节性停购前，各门店存有的商品，当全部做退货处理。

3. 滞销或淘汰类商品。凡采购部在追踪销量过程中确定的滞销商品，以及品类优化整合确定的需要淘汰的商品，通常都会给予永久性停购。一旦确定要永久性停购，此类商品应全部做退货处理。

4. 不退货会影响正常售卖的商品。比如，供应（厂）商因变更商品名称、规格、包装、条码、生产批次等，对正常销售可能产生不良影响的商品。

5. 经常断供，难以保证需求，并直接影响销售，应给予锁档停售的商品。

6. 因供应商的问题，经采购部确认应给予全面清场的系列商品。

7. 因商品价格等有争议，在与供应商未达成协议之前，无法正常售卖的商品。

8. 供应商代理权变更或转档，其代理的商品需要全部做退货处理。

9. 供应商有理由如企业破产倒闭等，主动要求退货的商品。

10. 经采购部确认，有其他正当理由必须公告退货的商品。

（二）凡符合下列情形之一的商品，为“B类”可退货商品。此类商品无须“OA”公告，门店也可将要退货的商品，直接退回“物流”，无须报批。

1. 门店店庆或促销档期结束后，未售完的批量商品。

2. 个别门店在品类优化中确定的不再售卖的撤柜商品。此类商品，门店应自行锁档，停止向“物流”传单订货。

3. 采购部直配商品数量偏大，门店一时消化不了的商品。

4. 所有已破损的，不能售卖的，属于“自有品牌”类的商品。

5. 凡“物流”配送的商品，门店在48小时内，若发现有下列情形之一，均可直接退货：

（1）配串货的或门店未建档售卖的商品；（2）原箱内有破损（外包箱破损严重，且非当场发现的有明显摔、砸痕迹的商品除外）、胀包或漏气的商品；（3）保质期超过1/2，且非采购部谈定的促销商品；（4）组装件不配套的商品。

6. 凡不能正常售卖的、供应商接受退货的、非门店管控不力造成的较为贵重的破损、残缺或凹罐类商品。如保健品、膏霜品、冲调制品、酒类商品、干货商品、女性婴儿用品、日杂用品、洗护发用品等。

7. 所有因受损或缺少零部件（含外包箱破损），而不能正常使用或售卖的电器或灶具类商品（电器、灶具类商品退货，凡有赠品的，必须含赠品一同退货）。

8. 门店在售卖过程中，发现的没有生产日期或生产日期模糊不清，已影响到正常售卖的小菜类或休闲类零散食品。

9. 真空包装或充气包装的商品，因胀包或漏气而无法正常售卖的商品。

10. 凡易碎食品，如蛋卷、饼干等，在销售环节上发现有破碎问题。只要是不能正常售卖的，内部不能消化处理的，且供应商接受退货的，各门店都可直接退货。

11. 凡破损、胀包、变形或变质等原因所致的零散“夏进奶”“三元奶”，各门店应倒尽奶液，将无奶液的空盒退回“物流”，以避免出现二次污染。

（三）凡符合下列情形之一的商品，为“C类”可退货商品。此类可退货商品，各门店或仓储部应事先申报，经批准后方可退货。

1. 非“OA”公告，属于单店滞销且不准备锁档的批量商品。

2. 因门店下错单或“物流”超量配货，导致门店库存偏大，且售卖有难度的商品。

3. 门店在销售环节中发现的，非人为因素导致破损数量较多，不退货可能造成较大损失的商品。

4. 保质期过3/4，供应商无相应促销安排，又不宜做降价处理的商品。

5. 供应商期望调整门店库存等原因，主动要求退货的商品。

6. 门店认为有正当理由，应当允许退货的商品。

7. 库区破损移库的商品。

8. 库区发现零散的、有质量问题的商品。

9. 库区发现的保质期已过半的非促销商品。

10. 单店销量不佳或库存数量偏大，属于“自有品牌”类的商品。

（四）凡符合下列情形之一的商品，为“D类”暂不可退货商品。此类商品，何时可以退货？怎样退货？有待进一步规范安排。

1. 因破损、渗漏而无法正常售卖的零散调味品，如油、盐、酱、醋、糖等。此类暂不可退货商品，各门店应在发现后的第一时间内，送员工食堂或加工部消化处理。

2. 零散破包的休闲食品、常温小菜类商品。此类商品，只要没有污染，确实能够食用，都应及时变价拍卖或由员工内部消化，原则上不再转留库存，以免造成二次污染。

3. 零散破包的洗涤用品（汇都公司、纳爱斯公司等提供的洗涤用品，均不能退货）。此类零散破包商品，要么拍卖处理，要么店内使用，也可进行适当的分装，而后发给员工使用。

4. 成提或成箱破损的零散纸品类商品。此类商品，凡属于提袋破损的，应尽可能以单粒或单盒为基数，设店内码拆整零售。

5. 零散破损或散碎的方便面食品。此类商品，只要能够食用，均应变价提供给员工食堂，以便员工加班时食用。

6. 零散破损或变形等类的牙膏、牙刷类商品。此类商品应主要以福利的形式拍卖给内部员工。

7. 单独贴有赠品标签的商品。

8. 有明显人为撕扯或碰、砸、摔、压等痕迹，或有明显虫蛀鼠咬痕迹的商品。

9. 零散破包、胀包或变形的，易于造成二次污染的盒装牛奶、饮料等食品。

（五）凡符合下列情形之一的商品，如供应商要求以货换货，各门店也可按照换货的方式，将无法正常售卖的商品退换给相应的供应商。

1. 凡属于暂不能退货的商品，在尚未合理规范之前，只要供应商接受换货，各门店可根据实际情况将本需要报损的商品，交供应商做换货处理。

2. 凡供应商不接受退货，但允许换货的商品，如捷诚公司提供的商品，只要是完好无损的，门店可申报将此类批量商品退回“物流”，由“物流”负责交供应商换货；零散的此类商品，门店可商请供应商到门店换货。

3. 少量破损、胀包或存有瑕疵的液态状食品，如奶制品、饮料等，若供应商愿意换货，门店也可按换货的方式，减少不必要的损耗。近期，采购部已同各品牌的奶品供应商达成共识，凡属于零星破损、胀包、变质、变形等类型的盒装牛奶，均由供应商直接到门店换货。在换货过程中，如遇有难解的问题，可及时向“物流”反映，以便妥善协调解决。

……

五、退货中应特别关注的问题

（一）门店退货时，必须翔实准确地填写《门店退货商品清点登记表》，并切实标注“退货原因”，而且登记人、点验人和审定责任人都必须在单据上签字确认。若因填写不准确，有漏项，而影响了门店的退货，其责任由门店承担。

（二）凡“OA”公告要求门店退货的商品，各门店应及时安排退货。若超出“OA”公告的退货时限，导致无法退货的商品，其损失由门店自行承担。

（三）凡“物流”配送的商品，门店在48小时内发现有问题的，在直接安排退货时，应将出问题的“配送单号”标注在《门店退货商品清点登记表》中，以便于“物流”及时查明原因，切实查纠存在的问题。

（四）门店直接退货的商品，应当符合掌控退货的标准。凡是有悖“诚信”，将不属于“直退标准”的商品退回“物流”的。比如：非促销品或促销档期未结束就退货的；非属于门店店庆的特卖商品；非品类优化整合并撤柜锁档的商品；非采购部直配量偏大的商品；以及有生产日期当没生产日期而批量退货的商品等，如若出现此类退货商品，一经查实，将在全集团予以通报。此外，凡供应商不接受退货的商品，非“物流”配送的商品，以及暂时不能退货的商品，各门店切不可退至“物流”，以免影响门店的效益。

（五）凡是有赠品的卖品，门店在退货时，应同时将赠品退回“物流”，以免影响正常的退货。

（六）凡需要直接从门店将商品退给供应商的，门店可按照先批后退的准则，由“物流”退货组负责凭《门店退货商品清点登记表》，同时制作“退货入库单”和“退货出库单”，而后将“退货出库单号”电告门店，由门店负责打印单据，并按程序办理退货出库手续。

（七）在门店退货的品项中，凡属于液态状的瓶装或袋装商品，只要是有渗漏的，各门店都应适时补漏，以免在退货时，对其他商品造成二次污染。

（八）对于一些暂时不能退货的商品，各门店应教育员工切不可用强压的方式，逼迫供应商换货或“卖单”，以免损害“永辉”的形象。至于暂不能退货给门店增加的损耗，应如何解决，各超市负责人应广泛征求意见，适时提出合理化的意见或建议，以便协同抓好管控退货的工作。在这方面，采购部也将加强与供应商的协调与沟通，从多方面入手，切实提高管控退货的效率。

此外，在控制退货的问题上，各门店应加强管理，尽力减少不应当出现的损耗，以便努力提升公司的管理水平。

（资料来源：《永辉集团“管控退货”的实施细则》）

第7章

PART SEVEN

怎样定价才能让顾客愿意买

定价决策对零售管理的重要性与日俱增。现在的消费者拥有比过去更多的选择，可以去你的门店买个满载而归，也可以只在网上商城上动动手指。他们对商品和物价的了解也远超过去，在购物时会反复计算折扣率，追求更高的价值与满足感。如何制定既让消费者感到划算，又让自己能赚到钱的价格，对零售商是一个严峻的考验。购物节日越来越多，商家纷纷推出令人眼花缭乱的优惠价格政策。如果想从激烈的客户争夺战中胜出，零售定价是必须掌握的制胜手段。

零售定价的影响因素

1. 制定零售价格时应该考虑哪些因素？
2. 如何看待定价中的法律问题和道德问题？

1. 定价时要考虑的四个问题

零售商在定价时应该围绕以下四个方面构思策略：

（1）顾客对价格的敏感度

当顾客对价格比较敏感时，涨价会导致销售额的急剧下降。如果目标市场的顾客对价格变化不是很敏感，那么就算价格上涨也不会引发销售额的大幅度下滑。

（2）商品和服务的成本

商品和服务的成本的上涨与下降，对零售商的利润空间有直接影响。假如找不到削减成本的办法，零售商很难做到“天天平价”。

（3）市场竞争的情况

零售商的定价可以高于、低于或者等于竞争对手。具体要结合企业整体发展战略。

（4）法律法规和商业道德

零售商大打价格战时，不能挑衅法律和道德。通过低价倾销来击垮竞争对手，会引发整个行业的恶性循环。无论从法律还是商业道德的角度都是不允许的。

零售冷知识

百老汇的门票有17种不同的价格

美国百老汇的门票价格从1998年至2005年涨了31%。但百老汇剧院总会推出优惠券、买一赠一、学生票以及在时代广场上的小亭出售的票等多种优惠政策。据一项对门票销售的调查表明，百老汇的门票有17种不同的价格。有些价格差异是由于座位的质量不同，但大部分的价格差异是各种打折优惠政策造成的。随便抽取某一夜晚的两张门票，它们的价格差异大约是平均门票价格的40%。百老汇剧院工作人员使用各种促销策略，确保全部座位的票都能出售，并且是按照消费者愿意支付的价格出售的。为此，有针对目标的直邮优惠券通常是在剧目首映日使用，而买一赠一的门票则是在剧目已经上映一段时间后才提供。

2. 零售价格策略的制定过程

零售商经营的商品种类繁多，加上市场需求变化急剧，导致定价过程十分复杂。为了制定合理的定价策略，我们应该遵循以下程序：

（1）确立零售目标

定价应该围绕销售目标来展开。零售商是想增加销量，扩大市场占有率，还是获得高额的单位利润，要考虑清楚。目标不同，策略不同。

（2）明确主要价格政策

主要价格政策包括我方价格与竞争对手价位的关系，所有商品的定价与利润空间，是否充当市场价格领袖，价格是长期稳定还是随成本变化调整等内容。

（3）制定具体的价格策略

零售商可以采取需求导向定价、成本导向定价、竞争导向定价三种基本策略。这三种策略通常会被综合使用。

（4）执行价格策略

在执行价格阶段，零售商应该根据商品类型的不同来选择长期不变的习惯定价、基于需求变化的收益管理定价、对单一商品的一价政策、允许顾客讨价还价的弹性定价、多买打折的折扣价、一个价位提供一组商品的捆绑定价等具体方案。

（5）调整价格

零售商在面对市场竞争、季节变化、顾客需求变化、商品成本变化以及失窃等情况下，可以通过降价或加价来适应新形势。

零售新手的课外练习

统计热销商品的价格状况

要求：选出零售店里最热销的五种商品，统计这五种商品每个星期的价格情况。

商品名称	第一周价格	第二周价格	第三周价格	第四周价格

确立你的零售价格体系

1. 怎样制定商品的初始价格？
2. 零售商在什么情况下需要调整商品的价格？

1. 零售商的具体定价目标

零售商在调整价格时都有明确的意图，以下是常见的具体定价目标：

◎维护适当的形象

◎不鼓励顾客对价格过度敏感

◎让供应商、员工和顾客各方都感到公平

◎保持各个零售渠道定价的一致性

◎在慢速发展期增加顾客流量

◎清理剩余的过季商品

◎在不引发价格战的前提下与对手进行优惠价格竞争

◎倡导“我们不信奉廉价销售”哲学

◎让顾客将自己看成是区域市场上的价格领导者

◎提供充分的顾客服务

◎将政府对价格广告的干涉及反垄断行为降至最低

◎阻止潜在竞争者进入区域市场

◎激发并维护顾客的兴趣

◎鼓励重复购买

无论是制定初始价格还是调整价格，必然与其中的某个具体目标挂钩。若是漫无目的地凭感觉调整价格，必然会扰乱零售渠道的价格体系，破坏各个零售店的正常运营。

零售冷知识

定价时需要参考哪些数据呢？具体内容见下表：

定价时需要参考的数据

项目	数据来源或计算方法
销售价格	交易数据、购物比较、经验
各种价位的需求量（按单位计）	顾客调查、交易数据、经验
销售总额	销售价格×需求数量
平均商品成本	与供应商的联系、数量折扣结构、订单大小
商品总成本	平均商品成本×需求数量
运营总成本	经验、交易数据、个别零售费用的估计值
总成本	商品总成本+运营总成本
平均总成本	总成本÷需求数量
总利润	销售总额—总成本
单位利润	总利润÷需求数量
零售毛利率	（销售价格—平均商品成本）÷销售价格

（续表）

项目	数据来源或计算方法
利润/销售额	总利润÷需求数量
现有平均存货量	交易数据、存货周转数据（按单位计）、经验
存货周转（按单位计）	需求数量÷现有平均存货量（按单位计）
平均存货投资额	平均商品成本×现有平均存货量（按单位计）
存货周转（人民币）	总商品成本÷平均存货投资额
存货投资回报率	总利润÷平均存货投资额

2. 初始定价与价格调整

任何商品的初始定价都是从一个简单的公式开始的：

零售价格=商品成本+加价

这里的加价包括零售商出售商品并获取利润时花费的所有经营费用，比如劳动力成本、租金、水电费用、广告费用等。有些零售商为了增加商店的客流量会采取“赔本赚吆喝”的策略，把零售价格定得比商品成本还低。但这种“赔本买卖”只是特殊情况，绝大部分商品的零售价格都遵循着上述公式。哪怕是降价促销时也依然保持着一定的加价，以此获得利润。

零售商很少以初始价格售卖商品，他们经常会为了促销或处理过季的库存而调整价格，主要形式就是降价。降价是零售运营的一个重要部分，尤其是在节假日促销活动中，降价是必备项目。顾客会抓住促销活动的时机采购更多商品，甚至是自己实际上用不着的东西。而与促销商品具有一定互补性的商品也会变得更有销路。

零售新手的课外练习

调查零售店新产品的价格变化

要求：从零售店里选择五种新上市的产品作为调查对象，统计这五种新产品在第一周、第二周、第三周的价格变化，然后根据销售量与销售总额的变化来判断当地消费者是否能接受公司对这些新产品的价格调整政策。

新产品名称	初始价格	第一周价格	第二周价格	第三周价格

常用零售定价策略

1．“每日低价”真的是市场上的最低价格吗?

2．定价服务在什么情况下会遭遇额外的挑战?

1．基本定价策略

（1）需求导向定价法

需求导向定价法又称消费者导向定价法。这种定价法不直接与成本因素相关，而是根据市场需求变化来调整价格。需求导向定价法主要分为理解价值定价法与需求差异定价法。

◎理解价值定价法。根据顾客对产品价值的理解情况，分析预期销量、成本、销售额后进行定价。

◎需求差异定价法。包括以用户差异定价、以销售地点差异定价、以时间差异定价、以产品差异定价、以买卖双方交易条件差异定价等形式。

（2）成本导向定价法

成本导向定价法的基本原理是用零售商品的单位成本加上预期利润来定价。这种定价法因计算简便而在商界普通应用，主要包括成本加成定价法、目标收益定价法、边际贡献定价法、盈亏平衡定价法。

◎成本加成定价法。计算公式如下：

单位产品价格=单位产品成本+单位产品目标利润

◎目标收益定价法。计算公式如下：

单位产品价格=[总成本×（1+成本利率）]/产品总销量

◎边际贡献定价法。计算公式如下：

单位产品价格=单位变动成本+单位成品边际贡献

◎盈亏平衡定价法。计算公式如下：

单位产品价格=固定总成本/产品销量+单位变动成本

（3）竞争导向定价法

竞争导向定价法的原理是：企业立足于竞争对手的综合情况（如生产能力、服务水平、价格体系等）与自身实力，再结合生产成本与市场供求关系来给同类产品定价。主要包括随行就市定价法与产品差别定价法两种类型。

◎随行就市定价法。以行业默认的平均定价水平的基准线来调整自己的价格。

◎产品差别定价法。这种定价法的关键是把竞争对手主打产品的质量、性能、价格、生产条件、售后服务等因素研究透彻，再制定高于或低于对方的产品价位。

零售冷知识

一些具体的定价策略

◎价格稳定的重要性如何？

◎价格可以维持多久？

◎每日低价能吸引顾客吗？

◎价格是否应该随着成本及顾客需求的变化而调整？

◎如果所有顾客都在相同条件下购买，是否应该确定相同的价格？

◎允许顾客讨价还价吗？

◎可以使用尾数定价吗？

◎可以使用特价来吸引顾客吗？

◎如果采取特价政策，特价应该高于、等于还是低于成本呢？

◎顾客大量购买商品时可以获得折扣优惠吗？

◎是否可以用系列定价来确定价格范围及各范围的价格点？

◎定价行为可否因商品部或产品线不同而变化？

2. 零售商应该怎样选择降价时机

大部分零售商都认为，早期降价比晚期降价更有利。因为，早期降价是在市场需求还比较旺盛时就开始调整价格，为商店推出新产品留下了空间。而零售商的现金流也能得到改善。尽管晚期降价政策可以让零售商在季末来临前以原价卖出更多商品，但综合收益不如早期降价策略。

当然，早期降价也不是开始就一降到底。零售商可以使用逐步降价策略，在整个销售季节不断推出新折扣。降价幅度与时机跟商品的库存时间直接挂钩。一年一度或两度的全店清仓，也是一个定期降价的重要手段。清仓时机主要选择在销售高峰期之后，力求在下一个销售季节到来前清掉库存商品，以便购进新的商品组合。

零售新手的课外练习

调查零售店主打产品的折扣变化

要求：从零售店里选择五种最热销的主打产品作为调查对象，统计这五种主打产品在第一周、第二周、第三周的折扣变化，然后根据销售量与销售总额的变化来判断当地消费者是否能接受公司对这些新产品的折扣优惠率。

新产品名称	初始价格	第一周折扣	第二周折扣	第三周折扣

拓展阅读：让小米总裁雷军赞不绝口的好市多

小米总裁雷军在一次演讲中对美国的好市多超市赞不绝口。他说："我在金山当高管去美国出差，一下飞机张宏江博士就租了辆车直奔好市多。完了回来吹了半天，经他一煽呼，除了我所有9个高管都去了。结果晚上回来大家说东西太好了，我就问怎么个好法。其实就一件事，便宜。所有的东西都比国内便宜，只有1/10，一堆东西在北京得人民币9000多，好市多只要900块钱。所以第二天一大早我就去好市多。站了15分钟，我说我懂了，正好跟我想的东西一模一样！"

好市多是何方神圣，能得到雷军如此高的赞誉？众所周知，全球零售业第一巨头是美国的沃尔玛，沃尔玛最大的劲敌不是别人，正是全球第二大零售商好市多。

好市多成立于1976年，比沃尔玛小二十几岁，直到1998年7月才正式更名为好市多股份有限公司。2014年，好市多跻身全美第三大零售商。2015年，好市多的年销售额为1161.99亿元。从这一年开始，好市多牢牢占据了全球零售商排行榜的亚军地位。截至2016年7月1日，好市多在美国、加拿大、英国、日本、中国台湾等国家和地区总共拥有705家店。但它在中国内地的发展一直不太顺利，2017年的一大经营目标就是增加在中国的线下实体店。

除了全球第二大零售商外，好市多还顶着"全美第二大汽车经销商"的头衔，在2016年出售了46.5万辆汽车。好市多的业务范围非常广泛，不光是经营超市，还包括加油站、旅游服务、在线图片服务、电子商务等业务。

论员工满意度，好市多在零售行业是当之无愧的第一。商界在2014年的员工满意度调查中，好市多是前25名中唯一的零售商，员工离职率仅为5%。好市多收银员的平均时薪是20.89美元，沃尔玛收银员的平均时薪是12.67美元，塔吉特百货的平均时薪是8.18美元。显然，好市多员工的薪资水平更高，而且88%的员工享受公司提供的健康保险。

尽管这增加了集团的人工成本，但员工获得更多的幸福感后，也产生了更高的工作积极性。好市多员工的服务意识极佳，甚至得到过美国前总统奥巴马的赞扬。世界上绝大多数超市都规定退换货只限7天以内，唯独好市多要求自己所有的连锁店做到“不问原因、不限时间地无条件退换货”。这种罕见的魄力，对公司管理提出了更高的要求，也让顾客更能放开手脚消费。好市多的优质服务意识在整个零售行业里独树一帜。

对于消费者而言，好市多的会员制度同样富有吸引力。好市多是美国最大的连锁会员制仓储量贩店，会员分为非执行会员和执行会员两大类型。两者的区别在于，执行会员可以享受一年内销售金额2%的返现，以及其他优惠。在美国和加拿大，好市多非执行会员的年费为55美元，执行会员的年费为110美元，老会员的续卡率高达91%。

事实上，好市多的商品零售毛利不超过14%，在10%左右，而沃尔玛的毛利率是22%~23%。这意味着其商品的毛利只够支付日常的运营成本。不过，好市多最赚钱的生意是会员费。当消费者成为会员后，好市多会为他们挑选到最好的商品、最实惠的价钱，提供最优质的服务。在优质服务和优惠政策的吸引下，大量消费者加入好市多的会员队伍，为其带来巨额的会员费。而好市多也利用自己的信用卡体系来盘活整个零售系统，既提高了利润水平，也强化了会员的品牌忠诚度。

第8章

PART EIGHT

以“又近又方便”的服务塑造品牌

有一点需要时刻铭记，消费者是购物的最终决策者。销售员、市场调研员、营销学教授都在思考人们会购买什么、在什么地方购买以及怎样购买等问题，提出一些漂亮的理论。但实际上，消费者在考虑这些问题的时候，很可能不按他们的“高见”出牌，而是根据自己稀奇古怪的个性化需求来购物。他们更关心的是能不能方便地买到自己想要的东西，只要能节省时间、精力，价格不那么优惠都是可以接受的。这取决于零售商的服务水平，而服务的细节正是塑造零售企业品牌形象的关键。

顾客喜欢的和讨厌的细节

1. 什么样的服务细节会增加顾客的购物欲?
2. 什么样的服务细节会降低顾客的购物欲?

1. 顾客喜欢的常见细节

根据营销专家的多年调查，零售店如果做好以下细节，可以提高顾客的好感度：

（1）触摸商品

顾客通过触摸商品可以进一步感受其质地、性能、舒适度，并检查货物是否存在瑕疵。网上购物缺少通过触摸来验货的环节，顾客很难与其他商品进行对比。这是实体零售店的先天优势，其他零售途径无法代替。

（2）在商店里照镜子

人们在购物时会比较在意自己的仪表。每次路过商场里的镜子时都会忍不住看两眼自己在镜中的样子。镜子可以让顾客放慢脚步，在商品陈列架前停留更多时间。服装、鞋子、珠宝、化妆品的零售展台更是需要镜子来帮顾客更直观地了解产品使用效果。

（3）顺着线索找到自己想要的东西

店内布局的设计如果太复杂，会让顾客迷路，迟迟找不到自己想要的东西，这无疑会让他们的消费兴趣下降。如果布置得太简单，顾客就少了很多购物的乐趣。购物的乐趣主要是“逛”，“逛”是为了搜索自己想要的商品。当顾客能根据店内的提示牌顺藤摸瓜找到目标商品时，他们会获得更多的满足感，说不定会顺手买一些别的商品。

（4）跟同伴交谈

当顾客结伴而来时，总是希望自己和同伴能自由地交谈而不被别的事情打断。零售店应该给顾客营造一个自由讨论的氛围，让顾客和同伴主动讨论商品，然后顺其自然地产生购物欲望。

（5）有熟识的店员

有些顾客对熟识的店员有种特殊的亲切感和信赖感，他们会主动向熟识的店员诉说自己的要求，从而得到对方的友情提示。在这种情况下，顾客会因为心灵上的轻松感和愉悦感而多多消费。

（6）不太拥挤的讨价还价氛围

大多数顾客喜欢讨价还价，并能接受一定程度的拥挤。假如抢购者过多，顾客没有充分的余地来验货和讨价还价，也会降低购物兴趣。反之，宽松的讨价还价环境会让顾客觉得自己掌握了交易的主动权，消费决策变得更大胆。

零售冷知识

感官因素对购物者最有诱惑力

购物者在购物活动中会使用各种感官——视觉、触觉、嗅觉、味觉、听觉，去感受商品、服务以及购物环境。这是他们选择或拒绝某种商品的依据。为什么有些人在买东西前都想去摸一下呢？这里面有许多实际的意义，最重要的就是体验一下“产品的质感如何”。一项研究表明，人们喜欢在买毛巾前试一试手感，一条毛巾被你买走之前平均会被6位不同的购物者摸过。所以，你在使用新买的毛巾前应该认真地清洗消毒。

2. 顾客讨厌的常见细节

根据营销专家的多年调查，顾客在购物过程中不希望碰到以下情况：

（1）镜子布置过多

顾客希望商场里有镜子，但如果镜子摆放过多，就会干扰他们对空间的感知，削弱方向感。这样一来，顾客就不会按照你希望的购物路线行走了。

（2）排队太久

零售店里的常见纠纷主要出现在排队的时候。试想一下，效率低下的店员手忙脚乱地输入信息，长长的队伍半天不动，急性子的顾客已经开始喋喋不休地埋怨。哪怕你是一个修养很好而富有耐心的人，同样会被这种消极情绪坏了兴致。

（3）缺乏详细的新产品介绍

顾客对新产品通常会有一定的好奇心，可能会要求试用。但他们对新产品肯定不熟悉，希望销售员能及时而细致地讲解，而不是在一旁默默地看着自己因不了解情况而闹笑话。

（4）商品放在需要弯腰才能拿到的位置

弯腰的动作会让顾客感觉累。假如顾客的双手已经拿满东西，弯下腰去拿一件商品就变得更吃力了。让顾客在购物过程中感到麻烦和疲惫，显然是零售店的失误。

（5）需要的东西缺货

乘兴而来，败兴而归。你说顾客高兴不高兴？

（6）价格标签模糊不清

价格标签不清晰，顾客就会怀疑该商品存在疑点甚至陷阱。此外，这个细节也从侧面反映出零售店的管理水平不佳。顾客不放心，又怎会尽情买？

（7）服务水平不佳

服务用语不礼貌，服务太迟缓，一问三不知，爱搭不理，手忙脚乱，举止粗鲁，都属于服务水平不佳的表现。零售就是提供商品和服务，服务不好自然会遭到顾客的质疑。

3. 零售店员工是否尊重顾客的自我检查表

自我检查项目	评分（1～5分）
我们是否信任顾客？	
我们能否充分支持卖出的商品？	
如果顾客发现问题，我们能够轻松解决吗？	
一线员工是否有权对问题做出恰当的处理？	
我们能否为所售商品提供足够的保证？	
在本公司，对顾客讲诚信是否重要？（比如，保证广告产品的货源充足，按时赴约等）	
我们是否珍惜顾客的宝贵时间？	
顾客使用我们的设施和服务系统时，是否感到方便高效？	
我们的员工是否明白服务顾客比文书工作和整理货架等其他工作更加关键？	
我们能否与顾客进行友好而畅通的沟通？	
店内标志是否有用？	
广告是否有说服力，且让顾客感到有品位？	
接待顾客的员工是否具备足够的职业素养？	
员工能否用带有笑意的语气迅速接听以及回复电话？	
我们的声音传递友好信息了吗？	
我们是否尊重所有的顾客，而不计较他们的外表、年龄、种族、地位、购买量或消费次数？	

（续表）

自我检查项目	评分（1~5分）
我们是否制定了特殊的预防措施，以避免员工对某些顾客存在歧视性对待的行为？	
我们对顾客的光临是否心存感激？	
我们对没有买任何东西就离开的顾客有没有说“请慢走”“谢谢惠顾”或“欢迎下次再来”之类的礼貌用语？	
我们是否尊重自己的员工？	
当我们的员工被要求尊重顾客时，他们自己是否得到了应有的尊重？	

零售新手的课外练习

调查顾客对公司各个分店的评价

要求：选择五个分店作为调查对象，搜集每个分店的顾客反馈意见，包括印象好的地方与需要改进之处，务求多搜集调查样本，详细记录反馈内容。

分店名称	调查时间	参与调查的顾客数	印象好的地方	需要改进之处

让顾客感到方便的就是正确的措施

1. 顾客做出购买决定时经历了哪些思考过程?
2. 假如这一次没能满足顾客的细节需要，零售商该怎么改进呢?

1. 顾客对零售服务水平的关注点

顾客主要从以下几个方面来感知零售店的服务水平：

◎服务的及时性

◎服务的便利性

◎服务环境是好是坏

◎服务质量如何

◎店员在首次服务过程中的表现如何

◎店员是否礼貌而有耐心

◎店员处理问题时是否可靠

◎店员是否能敏锐地察觉到顾客的为难之处

◎店员是否能清楚而耐心地指导顾客使用自助服务技术

◎店员有没有兑现上一次的承诺

2. 顾客的决策过程中不应出现干扰因素

顾客也许没意识到自己在做出最终的购物决定前经历了以下步骤：

阶段	步骤
第一阶段：选择零售商及渠道	确认自己对零售商及渠道的要求→搜索零售商信息→评估零售商及渠道的价值→选择某一家零售商→浏览网页、查阅商品目录、光顾商店
第二阶段：选择具体的商品	确认自己对商品的要求→搜集商品信息→评估商品的价值→选择具体的商品→购入选好的商品→购买后进行评价

虽然步骤看起来多，但顾客有时候一瞬间就能完成整个思考过程，直接做出决断。不过，顾客在这些环节中遇到干扰时，消费的积极性就会被挫伤。比如，搜集不到有用的商品信息、服务员老是打断自己的思路、想要的商品断货、商品包装和说明书不全等干扰因素，都会让顾客失去购物兴趣。因此，零售店员应该设法替顾客排除各种干扰因素，让他们顺利地完成购买决策。这才叫人性化的优质服务。

零售冷知识

购物者通常倾向于考虑具有高度“参与性”的商品

购物者通常会投入实践去研究那些具有高度“参与性”的商品。因为这些商品能给购物者提供某种可能性，或者引发比较。例如，在超市里购买一种新品牌的辣椒酱、酸奶或者一种价格有点贵的进口水果前，你可能想先尝一尝味道。将近90%的新推出的杂货店商品都会推销失败，但这并不是因为大家讨厌它们，更可能是由于人们从来没有试用过它们。在零售专家看来，如果不花大价钱去推广一种新商品，不给购物者赠送样品，就不算是一场正式的新品推销活动。如果能利用好“参与性”原理，新商品就可能很快被目标顾客群接受。

3. 改进服务薄弱环节的流程

为了提高顾客的满意度，零售商应该遵照以下流程来安排工作：

（1）了解顾客的关注点

员工必须把顾客投诉视为了解自身不足的重要机会，以积极的心态让事情朝有益的方向转变。

（2）向直接接待顾客的员工授权

我们应该让那些直接接待顾客的员工获得当场做出合理决策的权力。要知道，当顾客得知服务员没有决定权的时候会怒发冲冠，要求更高级别的管理者出面，而在此过程中，他们的不满情绪已经积累到更糟糕的地步。

（3）仔细聆听顾客的抱怨

不要急于解释，也不要打断，只是安静地倾听，并且让顾客清楚地看到你确实在听他说话。当顾客一吐胸中块垒后，气已经开始消了。这才是你最佳的处理时机。假如你通过复述和解释让顾客确信你已经把问题弄明白了，他们的不满就会进一步减少。

（4）表达真诚的理解

顾客在抱怨时，会本能地希望别人关注自己的沮丧情绪。他们在表达不满，希望零售商知道自己为什么不满。如果你的回馈态度不真诚，只会火上浇油。

（5）道歉并提出改进方案

多用“对不起”表态，表明自己充分尊重顾客的质疑权利。你可以根据具体情况来决定是替换商品或者退款，以某种形式为商店给顾客带来的不便做出补偿。

零售新手的课外练习

调查零售店是否让顾客感到不便

要求：选择五个分店作为调查对象，检查每个分店的服务是否存在以下不足之处。

分店名称	销售员态度冷淡	价格标签混乱	结账排队太久	货架补货不及时

好服务不局限于门店之内

1. 零售商是否应该开展店外服务？
2. 除了送货上门外，门店还可以在哪些方面增加服务项目？

1. 常见的增值服务项目

日本7-ELEVEN会长兼CEO铃木敏文在多年前就预言“外送时代即将到来”。在他的带领下，7-ELEVEN便利店将“把门店开到顾客家门口”作为服务体系建设的宗旨。这句话指的是零售店应该通过店外服务来加深与社区居民之间的联系，以此提高顾客对零售商的满意度。无论在店内还是店外，增值服务都是零售商赢得顾客好感的必备手段。各大零售商常用的增值服务项目主要有以下几种：

◎送货上门。

◎信用卡服务。

◎加工和安装设备。

◎包装售出的商品。

◎处理顾客投诉和退换货。

◎发放礼品券和优惠券。

◎提供特价折扣。

◎试购产品。

◎针对老顾客展开特别促销活动。

◎赠送礼品。

◎延长营业时间。

◎开通邮购、网购或者电话订购渠道。

◎给顾客当购物顾问。

◎给顾客提供婚礼礼品单。

◎给顾客提供停车服务。

◎给顾客提供免费餐或特价餐。

◎为顾客提供信息服务。

◎帮顾客照看小孩。

随着时代的发展，现代零售企业的增值服务越来越多样化。零售店供应的商品往往大同小异，谁能在服务上有所创新，谁就能获得更多的竞争优势。

零售冷知识

书店在入口处设置折扣书展示桌的效果好吗

美国零售专家对一家大型书店进行调研。书店在入口处设置了一张陈列折扣书的展示桌。每位顾客进门后都会停下来浏览，多数人会买至少一本。但与此同时，他们中很少有人再逛完整个书店，一般不会走太远就直接去收银台。很多顾客从折扣书展示桌上挑好书籍以后，就径直走向收银台，付完钱就离开了。也就是说，书店会因为折扣书展示桌的出现而提高销售额，但那些想购买热门新书的读者也在无形中大量流失。

2. 四种服务类型

为顾客提供优质服务是零售商义不容辞的使命，但提供服务也要考虑成本与效果。零售商应该提供对顾客真正有价值的服务项目。根据服务的成本和服务对顾客的价值，我们可以把服务分为四种类型，具体内容见下表：

类型	特点	例子
基础类服务	低成本，低价值，一旦减少会影响购买率	免费停车、店内指导
失望类服务	高成本，低价值，让顾客觉得很麻烦	强行推销顾客不需要的商品
忠诚稳定类服务	低成本，高价值，让顾客的好感度增加	礼貌服务、专业的购买建议
忠诚培养类服务	高成本，高价值，培养顾客好感度的基础	交易手续简便、送货上门及时、礼品登记、组织会员联谊活动

顾客对零售商的第一印象来自于基础服务。只要做好基础类服务，顾客就不会有什么不满。但想要进一步提高他们的品牌忠诚度，就必须舍得投入成本进行忠诚培养类服务，然后再以忠诚稳定类服务巩固顾客对你的好感。总之，零售商应该在确保基础类服务的同时，增加忠诚稳定类服务和忠诚培养类服务，尽可能地避免出现失望类服务。

零售新手的课外练习

调查公司各个分店的店外服务情况

要求：选择五个分店作为调查对象，搜集每个分店的店外服务项目、服务要求以及顾客反馈意见，务求多搜集调查样本，详细记录反馈内容，以便了解需要改进之处。

分店名称	店外服务项目	服务要求	顾客反馈意见	需要改进之处

女性消费者，零售业首要满足群体

1. 为什么女性是零售业销售额的主要贡献力量？
2. 女性消费者需要什么样的购物环境？

1. 女性是天生的购物狂

美国零售专家对某个全美家居用品连锁店做调研后，发现女性消费者的平均购物时间有以下特点：

◎女性顾客在同性陪伴下的平均购物时间为8分15秒。

◎女性顾客与小孩在一起时的平均购物时间为7分19秒。

◎女性顾客独自行动时的平均购物时间为5分2秒。

◎女性顾客在男性陪伴下的平均购物时间为4分41秒。

可见，女性顾客与男性顾客结伴而行时在商店里停留的时间最短，跟其他女性顾客一起购物时停留的时间最长。根据调查，顾客的消费规模往往跟在商店里停留的时间成正比。这点在女性身上体现得尤为明显。所以，两个女性顾客一同购物时，花费的时间和金钱多于其他任何一种情况。有些精明的零售商会利用这点鼓励女性顾客带上闺蜜一同消费，甚至通过设置咖啡厅等方式让她们在卖场“中场休息”，延长其购物时间。

零售冷知识

女性消费者只关心技术的实用性

男性消费者喜欢的是技术本身，关注事实和性价比。女性消费者看待高科技的视角大不相同，她们更倾向于接受新技术并加以应用。事实上，女性消费者才是最早接受新技术的人。公司里开始用电脑时，最先学习操作系统和软件的往往是女员工。女性消费者也是最早对自动取款机感兴趣的用户群体。女性消费者通常会抛开各种专业术语，只关心技术的实用性，她们只想弄清楚新技术可以用来做什么。新技术的诞生可以让人们的生活变得更为舒适高效，女性消费者就是为了贯彻这个目的而推动新技术的广泛应用。

2. 女性顾客需要的购物环境

女性顾客是真正了解购物哲学的消费者，她们对购物环境的要求也比男性顾客更多。男性顾客大多是只要能快速找到自己要买的东西就好，不太在意其他细节。女性顾客则对整个购物环境抱着强烈的好奇心与耐心。如果零售商在以下方面加以改进，会激发她们更多的消费欲望。

第一，女性顾客不喜欢太拥挤的购物环境，这会让她们“闲逛”的时候磕磕绊绊。

第二，女性顾客在化妆品区需要一个不被别人打扰的试妆空间，她们喜欢在购物时获得一个与往来行人隔绝的保护区。

第三，女性顾客买东西前会仔细地查验和分析商品，要给她们充分的思考时间。

第四，购物环境的装饰风格应该轻松、静谧、温馨，让女性顾客体验到一种有人情味的感性氛围。

第五，女性顾客更喜欢自己选择、考虑、试用，所以销售员不能一直纠缠不休。当她们向你提问时，你再提供相关参考信息比较稳妥。

零售新手的课外练习

调查零售店的女性顾客的综合情况

要求：选择五个分店作为调查对象，调查每个分店接待的女性顾客的情况，包括每日平均来多少人、平均消费水平、最喜欢买什么商品、对零售店有何建议，务求多搜集调查样本，详细记录反馈内容。

分店名称	女性顾客数量	平均消费水平	喜好的商品	提出的建议

用服务挖掘男性顾客的消费潜力

导读

1. 男性消费者的购物习惯跟女性消费者有什么差异?
2. 为什么男性很少去浏览自己并不想买的商品?

1. 男性消费者的购物习惯

按照传统说法，男性消费者并不喜欢购物，而女性消费者简直是天生的购物狂。造成这种刻板印象的主要原因是，男人和女人的购物习惯有所差异。同样是采购一件商品，男性消费者会选择最短的路线用最短的时间完成交易，运动轨迹简单而明确；女性消费者进入商店后却不会马上到该商品的展台，而会先把整个商场逛遍，最后才到目标所在位置。在逛商场的过程中，女性消费者往往会临时增加新的采购目标。两相对比，买东西不拖泥带水、不节外生枝的男性消费者就显得不那么喜欢购物了。

这个差异来自于远古时代的基因。远古时代的男人主要负责打猎，盯紧猎物后穷追猛打，专注于目标。远古时代的女人主要负责采集菜果，需要通过甄别和比较来选择更好的食材。时至今日，男性消费者依然保持着这种天性，在购物时目标明确，通常不会关心计划外的商品。他们也会讨价还价，货比三家，但仅限于自己真正想买的东西。女性消费者就算在商场逛一整天什么都不买，心情也会很愉快。

零售冷知识

大部分男性顾客会购买自己试穿的衣服

当一位男性顾客在购物的时候，销售员可千万不要挡他的道，否则会影响他的购物体验。当男性顾客把衣服拿到试衣间试穿后，如果他最后没买这件衣服，最可能的原因是衣服不合身。但是女性顾客不一样，她们认为试穿仅仅是整个决策过程中的一个环节，即便衣服合身，也可能出于其他因素而放弃购买。美国零售专家通过市场调查后发现，65%的男性顾客在试穿后会购买自己选择的衣服，而会购买试穿过的衣服的女性顾客仅25%。

2. 让男性更多参与购物的方法

男性顾客不像女性顾客那么有耐心，也不容易被临时激发出新的需求。但男性顾客即使没有亲自购物，也有可能参与到购物过程中，特别是他们与女性顾客一同前来时。通常而言，女性顾客是购物的主导方，男性顾客更多扮演拎包的苦力的角色。所以，女性顾客购物会津津有味，而男性顾客会觉得乏味。零售商可以采取以下三个策略来缓解男性顾客的焦躁情绪。

第一个策略是在零售店里设置一个男性顾客等候区。当女性顾客兴高采烈地查看商品和讨价还价时，男性顾客可以在等候区观看店内的大型电视屏幕播放的节目，这样会让他们得到充分的放松。

第二个策略是把男性顾客最感兴趣的商品展区设置在女性用品购物区旁边。这样一来，双方各自浏览感兴趣的商品，又能保持及时联络，谁也不会觉得时间难熬。

第三个策略是设法把男性顾客喜欢的商品组成套装，并且给出详细的图表说明。这会让男性顾客认为一次性买完所需的商品比较省时省力，不用老是跑来商店。

零售新手的课外练习

调查零售店的男性顾客的综合情况

要求：选择五个分店作为调查对象，调查每个分店接待的男性顾客的情况，包括每日平均来多少人、平均消费水平、最喜欢买什么商品、对零售店有何建议，务求多搜集调查样本，详细记录反馈内容。

分店名称	男性顾客数量	平均消费水平	喜好的商品	提出的建议

不可让老年顾客感到不便

1. 老年顾客有哪些不同于其他年龄段消费者的特点?
2. 老年顾客对零售环境有哪些需求?

1. 老年顾客的需求在增加

随着科技与医学的进步，人们的平均寿命越来越长。世界许多国家都进入了老龄化社会，我国在未来也将如此。老年消费者的数量和购物需求逐渐变得越来越重要。如今的老年消费者已经转变成乐于享受生活且喜好新鲜事物的高消费型顾客。从这个意义上看，老年顾客的市场需求将跟年轻人越来越接近，有远见的零售商都应该学会重视老年消费市场。

不过，老年消费者的身体素质有所衰退，视力、听力、触觉、味觉、理解能力、记忆能力都弱于中青年消费者，他们的购物过程要曲折得多。遗憾的是，绝大多数零售商都是针对身强体健的年轻人来设计店内布局，没有考虑到老年顾客的特点。广告和标签的字体太小，店内光线太暗，通道不便于行动，都会阻碍老年顾客的购物进程。

零售冷知识

老年顾客对购物环境照明度的需求

宾客房间的白底金色数字房间号其实对老年顾客的眼睛不太好。他们找自己的房间时会感到吃力。通常而言，一个人在50岁时的视网膜要比20岁时的视网膜平均少接收1/4的光线。这意味着很多商店、餐厅与银行应该比现在更为明亮。当老年顾客想要看看买了什么东西或者弄清自己身处何地时，那里的光线不应该是昏暗的。购物环境应该足够明亮，特别是在老年顾客主要光顾的时间段里应该提高照明度。此外，所有的印刷宣传品都应该加粗，并采用深色与白色或其他浅色的高对比度。

2. 构建有利于老年顾客的购物环境

考虑到老年顾客的生理特点，零售商应该对购物环境做出以下几点改进：

第一，老年用品摆放的位置应该让老年顾客用最轻松的动作能拿到，不能增加他们弯腰、下蹲、伸展的次数。这些动作会让老年顾客感到腰腿不便，意识到自己的衰老，购物心情变坏。

第二，体积较大的商品应该放在购物车顶端的高度。不只是老年顾客，所有年龄段的顾客都希望能更轻松地把商品搬入购物车。便利性是提升顾客购买兴趣的关键。

第三，在店内分散设置多个等候区，让老年顾客走一段距离就能休息一阵。而且椅子要做大一些，让他们能方便地坐下去和站起来。

第四，根据老年人的视力和手指灵活度来设计自助服务机器，以便让老年顾客能轻松完成操作。同时，还应该安排服务员耐心指导不熟悉设备操作方法的老年顾客，让他们对零售商产生更高的信赖感。

零售新手的课外练习

调查零售店老年顾客的综合情况

要求：选择五个分店作为调查对象，调查每个分店接待老年顾客的情况，包括每日平均来多少人、平均消费水平、最喜欢买什么商品、对零售店有何建议，务求多收集调查样本，详细记录反馈内容。

分店名称	老年顾客数量	平均消费水平	喜好的商品	提出的建议

欢迎孩子的零售店走得更远

1. 为什么说孩子是一支不容忽视的消费大军?
2. 儿童商品的陈列方式应该注意哪些问题?

1. 零售商必须重视孩子

一些零售商认为孩子没有收入，消费能力远不如成年人，所以在布置展台和设计通道时，完全不考虑孩子的感受。这个误区让不少零售店错失了商机。美国消费行为学家帕科·昂德希尔在商场调查后发现了三件事：

第一，假如零售店对孩子不够欢迎，他们的父母会察觉到这点并降低购物兴趣。

第二，假如你把想卖给孩子的商品放在他们看得见并够得着的地方，孩子们很可能会成为你的热心消费者。

第三，当家长想在交谈中保持注意力时，希望有人能想办法转移粘人的小孩的注意力。

当零售商拿出诚意让孩子感到高兴时，他们的父母往往也会以实际的消费来表达对孩子的爱，照顾零售商的生意。这对双方都是好事。当然，也并不是讨好孩子就万事大吉了。

通常而言，零售商希望顾客的需求越多越好，以便提高销售额。但这条法则在做儿童生意时受约束。因为儿童消费的实际决策者是孩子的父母。如果你成功地让孩子们看到、摸到和拿到商品，引起他们的占有欲，他们的父母反而会感到苦恼。除非是为了特意满足孩子的心愿，更多时候，大人们倾向于避开零食通道和玩具展区。

当零售商只顾着满足那些自认为是购物者的孩子时，销售反而不见得成功。那些能激起孩子们过多需求的商店，会被家长们列入避之唯恐不及的黑名单。零售商应该注意不要过多激发孩子的购物欲，以免得罪家长。最好是设法吸引孩子的注意力，同时让家长觉得确实物有所值。

零售冷知识

吸引孩子的注意力就可以带动家长消费

吸引孩子的注意力是一种让购物者保持兴趣的有效方法。特别是在售卖零食的通道，如果能充分利用这点，就能催生新的消费需求。原因不复杂：孩子的父母通常都是拿了想买的东西就立即离开，但孩子的注意力没那么集中，很容易被通道里的某些有趣的东西吸引。美国零售专家曾经在一家商店里做过调查，零食通道地板上的方格会吸引一些小孩子玩跳房子游戏，他们会因此在商店里平均多待14秒。14秒看起来不长，但孩子的父母们很难在这么长的时间里站在零食货架前什么都不买。因此，有些零售店会特意布置一些孩子喜欢的小东西，延长他们停留在商店的时间，促使家长通过购买更多商品来消磨等待孩子游戏结束的时间。

2. 儿童商品的陈列技巧

孩子比成人矮小、柔弱、容易受伤，而且好奇心远胜于成人，看到什么都想去触摸，想到什么就会不顾一切地马上去做。这些既调皮又缺乏自制力和自我保护能力的小消费者，经常让零售商头疼。为此，我们在布置儿童商品展台的时候要注意以下几点：

首先，把儿童商品摆放在较低的位置，以便孩子一眼就能看到，伸手就能够着，不能按照大人的视线高度来布置。

其次，要防止孩子乱摸危险的东西，比如电源插座、有尖棱的货架、电话、花瓶、刀具、带尖角的商品、易碎的展品等。因此，要把这些东西放在孩子们看不到也摸不着的地方。

最后，给孩子设置一个专门的活动区，让他们把注意力集中在玩耍上，不让他们乱跑乱跳乱摸乱撞，家长也能集中注意力去选购自己想要的东西。这个活动区应该确保家长随时能看到孩子的一举一动，在玩具布置上还要注意把不同年龄段的孩子隔在不同的区域。

零售新手的课外练习

调查零售店儿童顾客的综合情况

要求：选择五个分店作为调查对象，调查每个分店接待的儿童顾客及其家长的情况，包括每日平均来多少人、平均消费水平、最喜欢买什么商品、对零售店有何建议，务求多搜集调查样本，详细记录反馈内容。

分店名称	儿童顾客数量	家长平均消费水平	喜好的商品	提出的建议

拓展阅读：让“都市懒人”们省心的7-ELEVEN便利店

便利店是零售店的一种重要形式。在零售业有个不成文的说法：“世界上只有两家便利店，7-ELEVEN便利店和其他便利店。”7-ELEVEN便利店俗称“7-11”，是当今全球最大的便利店特许组织，截至2016年2月底，已经在17个国家和地区开设了58904家店。尽管7-Eleven便利店在很多消费者印象中是来自日本的零售业巨头，但它实际上发端于美国。

7-ELEVEN的前身是美国德克萨斯州达拉斯一家创立于1927年的食品零售店，主要业务是售卖冰品、牛奶、鸡蛋。1946年，该商店的营业时间改为上午7时至晚上11时，这便是“7-11”的由来。由于“11”的英文写作“ELEVEN”，故而以“7-ELEVEN”为品牌名称。1973年，日本零售业巨头伊藤洋华堂经过艰苦的谈判，获得了美国7-ELEVEN在日本市场的特许经营权，日本7-ELEVEN才真正诞生。1991年3月，日本7-ELEVEN收购了美国公司73%的股权，“7-ELEVEN”从此成为一个日本品牌。

日本7-ELEVEN公司目前隶属于日本柒和伊控股集团（即SEVEN&i，由7-ELEVEN日本公司、伊藤洋华堂、Denny's Japan公司于2005年9月合并而成），在2016年有8054名全职员工，人均创造利润2023万日元（相当于当时的116万元人民币）。而整个7-ELEVEN连锁便利店在2016年的零售总额约为2473亿元人民币，日本便利店行业的第二到第四大零售商的利润总额均不及7-ELEVEN便利店的一半。

对于广大“都市懒人”而言，7-ELEVEN便利店是个“又近又方便”的即食商品零售店。它有着繁多的快餐品种，在食材选择、食材加工、烹饪流程、包装检疫、新鲜食物每日的送达时间等方面有近乎严苛的规定。比如，其出售的盖饭便当都是当天制作并一早就码在冰箱里的，消费者购买后只需在微波炉里加热几分钟就能食用，非常节省时间和精力。丰富多样的即食商品是7-ELEVEN便利店最受欢迎的产品，也是其最大的利润来源。

7-ELEVEN便利店作为国际连锁品牌，在店面上保持着统一的品牌文化风格，食品多为日式风格，主要有关东煮、盖饭便当、日式饭团、日式三明治、油炸食品、沙拉以及其他即食食品。但7-ELEVEN便利店也很注意入乡随俗，根据所在国家和地区的特点来改进食品口味。

7-ELEVEN会长铃木敏文的理念是："7-ELEVEN的周围有各种店铺。如果正好有提供可以外带速食的店时，我们不仅要彻底做好基本原则，还必须对竞争对手的单品商品仔细研究，并拟定可行对策。如果不这么做，这家店铺的营业额及利润将受到相当大的冲击。让所有店铺一律采取同一战略，是不可能让整体的业绩走向扩大均衡的。因为每一家店都有自己不同的状况。总公司或商品部的指示，只是提供一个整体的大方向，所以实际的做法会因店铺的不同而有所改变是理所当然的。"

在铃木敏文的理念指导下，顾客可能在7-ELEVEN便利店看到日式金枪鱼三明治、日式炸蔬菜什锦拉面、中式包子、香港车仔面、香港Daily现磨咖啡、新加坡土豆泥等即食商品汇聚一堂的景象。此外，开在中国的7-ELEVEN便利店还推出了少数中式快餐小炒。虽然种类和味道并没有什么独特之处，但在食材管控和便捷性方面仍旧保持了自己的长处。

在日本，7-ELEVEN便利店扮演着更复杂的重要角色。学龄儿童通常在早上和中午光顾，青少年主要在放学后、晚上及周末光临，家庭主妇可能在下午时前来采购食材，丈夫在下班途中会去买第二天的早餐面包，老年人也把这里当成是社交场所。为了满足各式各样的消费者，7-ELEVEN便利店陈列商品虽然不多，但每天都会多次进货，持续轮换新鲜产品，以便吸引更多回头客。

总之，"成为该地区最方便的商店"和"发展基于社区的一店式服务"是7-ELEVEN便利店的企业使命与核心精神。

第9章

PART NINE

扩店的风险与机遇

零售企业的主要发展方式就是增加连锁店，占据各个区域市场网点，形成一个系统化的销售网络。但这里面既有机遇也隐藏着风险。有的区域市场环境不佳，分店难以为继，反而成为总店的一个负担。有的分店管理不善，败坏了总店的品牌，导致其他分店也受到牵连。此外，总店与各分店之间的关系也需要保持平衡。过多截留分店的收益，会让各个销售网点失去活力。个别分店若是过分膨胀，也会反过来妨碍总店和其他分店的发展。这些情况都值得零售管理者审慎考虑。

扩店策略一定是对的吗

1. 零售商通常在什么情况下会增加门店数量？
2. 扩店策略存在哪些潜在风险？

1. 扩店既是机遇也有风险

当最初的门店获得成功后，零售商会通过增加分店来扩张自己的势力，通过规模经济来扩大自己所占的市场份额。因此，我们经常会在一个地区看到不同品牌的零售连锁店比肩而立。那些国际知名零售商的门店数量相当可观，每一个分店都是扎根区域目标市场的堡垒。

在同一地区开设多家分店，有助于扩大零售商的品牌影响力，降低运营成本，提高每一家分店的销售额。当门店达到一定数量后，在当地建立新的配送中心也更加划算。这是扩店策略有利的一面。

但是，区域内的新增分店越多，每家店的收益也会随之走向递减。分店过于密集会造成销售片区的重叠。各个分店从同伴转为争抢顾客的竞争对手，彼此吞掉对方的部分销售额。这种自相残杀的现象将导致零售商在该地区整体销售额的下降，只有个别分店能保持良好发展势头，其他分店难以为继，还不如当初分店较少的时候。

零售冷知识

7-ELEVEN便利店的优势扩店策略

在日本的零售商中，7-ELEVEN便利店的门店并不是最多的，其门店网络密度低于日本排名第二和第三的零售商，但销售额远远超过后者。这与7-ELEVEN便利店独特的优势扩店策略是分不开的。

所谓优势扩店策略，指的是建设高密度、多店化的销售网络。其他零售商往往是通过降低加盟金来吸引更多加盟者，扩大加盟店的数量。7-ELEVEN则是以区域市场为单位集中力量打造密集的门店网络，在把该区域的销售网络打造好之前，哪怕是只有一桥之隔的临近市场也不贸然设置分店。

由此造成的结果是，哪怕是初来此地的游客也可以很轻易地找到7-ELEVEN便利店，因为随便走一段就能遇到一家分店。“又近又方便”的经营理念得到了彻底的贯彻。而在优势扩店策略指导下构建的各种商业基础，也会在后续的市场潜力挖掘工作中发挥重要作用。

凭借优势扩店策略，7-ELEVEN便利店的门店扩张速度虽然不如主要竞争对手快，但对各个区域市场的开发非常充分，反而大大提高了销售效率，形成了对手无法模仿的差异化优势。

2. 收购现有零售企业时应该考虑的问题

准备收购的商店名称：

◎店主为什么打算出售自己的商店？

◎你愿意为对方的商誉支付多少钱？

◎你的会计人员是否已经审定了该店的销售额、存货水平和利润数据？

◎店主是否会把你介绍给他一直以来的客户，并在交接期内继续原先的业务？

◎店主是否愿意承诺在相当长的时期内不会在同一个销售区域开办一家有直接竞争关系的新商店，并且同意与你签订一份协议？

◎假如该店营业范围有明显的淡旺季差异，你收购商店的时机是否恰当？

◎在收购商店时，你有能力承担店主的现有债务吗？

◎在商店出售前发生的顾客赊账，应该由谁来收取？

◎假如不动产只租不卖，你能得到的租期有多长？

◎假如不动产随着商店业务一起出售，你是否找专业工程师检验了不动产？

◎商店的门面和基础设施是否足够现代化？

◎现有的存货是否新鲜？商品的种类是否齐全？

◎店主原先的服务措施、广告宣传策略和定价政策跟你的有什么区别？

◎假如你赞同店主原先的运营策略，是否有能力继续推行？

◎假如商店即将成为连锁品牌店的一个组成部分，你的新分店和现有分店能否兼容？

◎你现有分店的商圈有多少是相互重叠的？

◎你或店主提议的合同是否已经过律师检查？

◎收购这家商店对你的生活方式和家庭关系有什么影响？

零售新手的课外练习

调查本地竞争对手的连锁店

要求：选择竞争对手的五个不同区域市场的分店作为调查对象，调查每个分店的营业时间、员工数量、产品种类、月均客流量、月均销售额等情况，务求多搜集调查样本，详细记录反馈内容。

分店名称	营业时间	员工数量	产品种类	月均客流量	月均销售额

想扩店，先评估商圈的潜力

1. 影响商圈大小的主要因素有哪些？
2. 怎样估算商圈的竞争潜力？

1. 商圈的界定与影响因素

扩店的首要问题是选择新的店址，这个店址必然处于某个商圈之中。商圈指的是形成商店主要销售额和顾客的那一块相邻地理区域。它并不是以商店为圆心的同心圆，而是根据道路、山丘、河流、树林等地理交通条件划分出来的各种不规则多边形。

按照销售行业的划分方法，商圈主要分为以下三个类型：

◎主要商圈——能为购物中心或商店带来50%～70%的顾客的地理区域，距离商店的车程在5分钟以内。

◎次级商圈——能为零售店带来20%～30%的顾客的第二重要的地理区域，离商店的车程在15分钟以内。

◎三级商圈——只能提供少量分散顾客的边缘地带，距离商店的车程在15分钟以上。

在一个城市里，往往存在若干个不同规模的商圈。每个商圈的大小主要受以下三个因素影响：

◎交通条件——决定了商店的可接近性。

◎目标商店——那些在当地非常吸引顾客的大型商店，无论周围的商店如何变化，都不影响人们从大老远的地方主动光顾。

◎附着式商店——通过依附零售区域的购物中心或主要零售商的商圈为生的商店。

零售冷知识

Edward Beiner眼镜店的商圈特征

根据ESRI公司（美国环境系统研究所公司）地理信息系统提供的商圈数据分析报告，美国Edward Beiner眼镜店所在商圈的平均家庭收入为92 653元，其中27.6%的家庭收入为75 000～149 000美元，13.7%的家庭收入超过150 000美元。也就是说，Edward Beiner眼镜店3英里（1英里=1.609344公里）范围内的居民整体上非常富有。该店附近53.1%的人口为西班牙裔。该商圈的主要地理人口细分市场包括：高楼公寓租房族、成功移民、名门贵族以及富裕的上流社会人士。其中大部分是白领的高收入人群，还有许多老年人。

2. 评估商圈潜力的三个角度

（1）顾客群体的位置

零售商希望争取的目标顾客群体是否住在分店所在的商圈之内？如果不是，说明新店选址不佳。如果是，新店就有望获得长足的发展。所以，我们不能光看一个商圈的规模大小，更重要的是考察商圈内的顾客群体是否属于我们的细分目标市场。

（2）商圈内的竞争强度

看中同一个商圈的零售商不止一家。所以，为了挖掘当地的消费潜力，各大零售商都会不断在商圈内增设新店。我们在规划新店的同时，还应该列出那些潜在的可选店址，以备后续发展。

（3）租约谈判问题

大多数零售商以租用店面为主。更重要的是，城市商圈里的最佳店址往往是那些专门建来招商引资的大型购物广场。零售商要考虑租约组合是否划算，出租方的租赁条件是否能接受，还有必要的免责条款。若是租约谈判陷入僵局，条件再好的商圈也无法为我所用。

零售新手的课外练习

调查本地商圈的情况

要求：选择本地五个商圈作为调查对象，调查每个商圈的地理位置、人口规模、交通、基础设施条件、区域经济水平以及当地知名企业的数量，务求多搜集调查样本，详细记录反馈内容。

地理位置	人口规模	交通条件	基础设施	经济水平	名企数量

扩店成网，基于共享

1. 零售商通过什么手段来把各连锁店整合成一个销售网络?
2. 零售企业各连锁店之间需要共享的资源有哪些?

1. 活用一切外部资源

当公司规模扩大后，不少零售商在增设分店的同时，开始向生产商转化，自己给自己供货。这样的零售企业形成了复杂的内部结构，运营效率未必很高。而大部分零售商缺乏雄厚的资金与试错的本钱，只能稳扎稳打地扩张。在人力、物力和资金都有限的情况下，零售商不可能单凭内部组织的力量扩大规模，反而很容易因为新店增加太多而稀释原本的力量。这时候，活用外部资源是必然的选择。

7-ELEVEN集团在这方面堪称零售行业的楷模。它倡导“活用型事业”和“网络型团队”的理念，通过掌握市场信息来组建外部组织联盟。这些市场信息包括该卖什么、该怎么卖、卖多少、卖给谁、何时卖等内容，对各类商家的发展都有很大帮助。为了共享7-ELEVEN的市场情报系统，日本多家供应商加入7-ELEVEN的“策略联盟”，联合创办了主要为7-ELEVEN销售网络服务的日本鲜食协会。这种特殊的组织结构让7-ELEVEN的销售网络变得十分精致而高效。

零售冷知识

京东集团“百万便利店计划”

2017年2月，京东集团宣布年内将在全国开设1万家家电专卖店；两个月后，京东集团“百万便利店计划”出炉，预计未来5年将在全国开设超过100万家京东便利店。伴随着我国社区零售整合化、全渠道发展进程逐步加快，投资成本低，成熟周期短的社区零售必将成为支撑行业发展的重要推手。从长期的发展来看，“小而美”的社区化零售业态将更符合新形势下消费市场的客观需求。

2. 六个共享成就零售网络

整合新增分店与老店、供应商的资源，是构建零售网络的关键。为了实现这个目标，零售商应该在以下六个方面做到资源共享：

◎企业文化与经营理念的共享。

◎具体目标与战略目标的共享。

◎顾客资源的共享。

◎市场信息的共享。

◎系统的共享。

◎成果的共享。

零售网络只有在统一的理念和战略下才能缔造统一的品牌形象。这对零售商的发展至关重要。扩店成网的落脚点是为共同的顾客服务，市场信息的共享、系统与成果的共享都是围绕这个意图展开的。从这个意义上说，零售网络是零售商与供应商们共享顾客的平台。各方通过六个共享实现深度整合，最终共同成长、做大做强。

零售新手的课外练习

调查知名连锁店2017年的分店数量

要求：选择五个不同的知名零售连锁店作为调查对象，搜索它们在2017年的分店数量及关于分店的其他相关信息，务求多搜集调查样本，详细记录反馈内容。

连锁品牌	分店数量	平均员工数	产品种类	月均客流量	月均销售额

拓展阅读：京东商城违规行为的处罚与扣分标准

序号	违规行为类别	类别小项	举例说明
1	侵犯京东商标或其他权益		（1）商家未经京东同意在店铺公示“京东商城战略合作伙伴”或“京东商城唯一指定销售店”字样。
2	违反“正品保障服务规则”		（1）出售假货、水货、仿货、三无商品、二手货。 （2）在商品页面公示：OEM原单货、厂家尾单等信息。
3	违反“数码与家电30天维修”规则		（1）在有关交易成功后30天内，买家已要求商家提供维修服务而被商家拒绝。 （2）京东处理用户投诉时，商家不予配合，拒绝向京东提供相关证明。 （3）维修次数超过1次且仍未完成维修服务，而拒绝向买家退货。
4	违反“商品如实描述服务规则”		（1）商品描述不符：对商品本身的信息或瑕疵未进行公布；商品标明为A品牌、实物显示B品牌；商品标识为100%全棉，实物吊牌信息描述与其不符。 （2）标题信息与图片或商品描述不符：标题是A商品、图片是B商品、描述是A商品的内容以及其他类似情况。 （3）图片与实物不符：商品无图片；或商品照片为长袖、实物为短袖。

（续表）

序号	违规行为类别	类别小项	举例说明
5	违反“七天无理由退换货服务规则”		（1）商家在店铺中公示：不支持七天无理由退换货（包括：指定部分商品不支持七天无理由退换货）。 （2）在买家向商家咨询七天无理由退换货规则时，商家误导买家。 （3）买家提出的退货要求，以促销品、特价品为由拒绝退换。 （4）换货过程中，由于商品调高价格，需买家补足差价方可同意退换货。 （5）在退换货过程中，要求买家接受打折退换，即原价100元的商品，只同意买家以70元退货。 （6）商家自收到商品的7个工作日内，未进行退款。
6	违反“商城积分规则”		（1）买家在下单购买商家“买就送积分”促销商品后，商家不得以任何非正当理由拒绝交易。
7	违反“商家销售行为管理规则”	缺货	（1）京东商城商家商品数量显示与实际情况不符，即京东商城显示为1件，买家购买后，商家告知已无货。 （2）买家下单后，商家由于调货问题，未能在承诺时间向买家进行发货的行为。
		支付方式	（1）对达成的交易，不使用京东商城指定的支付方式进行交易支付，包括以下行为：页面出现商品购买外部链接、外部网址，以及引导用户使用非京东商城以外的线上线下支付行为。
		退款	（1）退款率高于同类目的退款率平均水平线（7天无理由退换货不计入退款率中）。

（续表）

序号	违规行为类别	类别小项	举例说明
7	违反“商家销售行为管理规则”	退款	（2）比如：服装类，当月平均退款比率为20%，商家退款率为40%，超过该类目平均水平。
		成交不卖	（1）成交后，商家在有库存的情况下，无正当理由拒绝向买家出售、发货的行为。（“无货、调货中”均属无正当理由。） （2）商家促销商品，由于买家所在地偏远、邮费较高，拒绝出售的行为。
		收款不发货	（1）买家付款后，商家已确认发货，但实际并未履行发货义务的行为。
8	违反“商家店铺管理规则”		（1）危害国家安全，破坏社会稳定，危害他人人身安全，国家法律明令禁售信息，包括但不限于反动信息、黄赌毒信息。 （2）其他信息：中奖信息、色情信息。
9	违反“商品管理发布规则”	发布禁限商品	（1）在店铺中发布国家法律明令禁止销售的商品。
		放错类目以及属性	（1）发布的商品，与所选择类目不符：“家居”下的被子，放在了“服饰”类下。 （2）发布的商品，与所选择属性不符：将adidas运动鞋放NIKE的品牌属性里。

（续表）

序号	违规行为类别	类别小项	举例说明
9	违反“商品管理发布规则”	重复铺货	（1）不同尺寸发布：将同一服装，以S、M、L不同的尺码作为单个商品分别发布。 （2）不同颜色发布：将同一服装，以红色、蓝色等不同的颜色作为单个商品分别发布。 （3）不同组合发布：将同一服装赠送腰带和同一服装赠送口红作为两个不同的商品分别发布。
		支付方式不符合规则	（1）商家在商品信息中拒绝使用京东商城指定的支付方式或违反京东商城支付流程。
		广告商品	（1）在商品标题中出现：招商、代理、批发等广告字样。 （2）将广告作为单个商品进行发布。 （3）在商品标题中出现店铺名称、店铺ID、包邮等措辞。
		价格、运费严重不符	（1）购买NIKE鞋后可以1元换购的NIKE运动袜，该运动袜实际市价为40元，但商家虚抬价格为100元。 （2）运费严重超过市场规律。
		乱用关键字	（1）在商品标题中加入与本商品无关的关键字。 （2）商品标题中出现多种风格描述词明显抵触和堆砌。

（续表）

序号	违规行为类别	类别小项	举例说明
9	违反“商品管理发布规则”	商品标题、图片、描述等不一致	（1）商品标题出现明显夸大、扭曲客观事实的不相符描述。 （2）商品的图片不能真实地展现发布的商品，商品描述明显与图片或标题有差别。 （3）发布的商品缺乏必要的商品信息元素。
10		侵犯他人知识产权	（1）冒用他人注册商标、商标侵权、专利侵权等。 （2）图片或文字发布侵犯著作权（版权）。
11		贿赂	（1）为谋取不正当利益（包括但不限于国家法律法规或违反京东商城相关规定的不正当利益）给予京东商城工作人员财物的行为。

PART TEN

第10章 电商时代的零售策略

在电商风行的互联网经济环境下，门店将退出零售行业的历史舞台吗？答案是否定的。这是一个线上线下大融合的时代，零售行业在插上电子商务平台的翅膀后，依然会保留传统的门店。只不过，电商时代的零售策略会变得更加灵活多样。怎样更好地利用网络营销渠道，怎样制定更符合电商时代消费者需求的零售策略，对当代零售企业管理者提出了更高的要求。要想在激烈的竞争中把零售品牌发展下去，就得把视野扩大到商店之外。本章接下来将细细讨论这个问题。

社交口碑能促销，但网购也有烦恼

1. 社交口碑是怎样带动商品销售的?
2. 互联网购物有哪些潜在的问题?

1. 社交口碑促销的原理

据零售专家调查，有过不愉快的零售服务体验的顾客，平均会向9个人抱怨自己在那家零售店的遭遇。而86%的14～30岁的少年和青年都认为，在媒体广告、直邮广告、促销宣传册、零售店促销信息、网络评分、推销员讲解、零售商发的电子邮件、新闻故事和口碑等9种常见信息来源中，口口相传的口碑是最值得信赖的信息来源。其中46%的人把自己的朋友视为购物决策参考信息的主要来源。

在社交媒体高度发达的今天，商品口碑已成为促进销售的一把利器。顾客向亲朋好友诉说消费体验的动机有三个：

第一个动机是他们确实喜欢你的产品、服务和品牌形象。

第二个动机是交谈者想通过讨论这个话题来展现自己的不凡。

第三个动机是人们希望通过讨论你的产品来建立更广泛的人际关系。

无论出发点为何，口碑谈论者都会讨论零售商提供的产品，在客观上成了义务广告宣传员。哪行哪业都有积极发表评论的核心顾客群。他们在塑造零售商品牌形象方面的贡献丝毫不亚于专业广告商。

美国口碑营销专家安迪·赛诺维兹指出："有时，好的口碑得之于误打误撞；有时，又是精心策划的结果。不管怎样，都要具备一些基本的要素，以使口碑疯狂传播开来。这些要素就是所谓的五个'T'：Talkers（谈论者），Topics（话题），Tools（推动工具），Taking Part（参与），还有Tracking（跟踪了解）。"

零售商若能灵活运用"五T"理论，对提高销售额将有很大的帮助。

零售冷知识

积极口碑效力胜过消极口碑

耶鲁大学的研究人员发现，不管被评论的是什么，消极的评论不但会减缓商品的销售，还会减慢积极评论出现的速度，最终减少消费者的购买倾向。总体而言，积极口碑的效力至少跟消极口碑一样或者更强。尽管互联网世界中处处都有评论，但其中哪些能被人注意到，哪些能产生效果，都在很大程度上取决于作者和读者在现实世界中的位置。当评论者透露出包括位置在内的有关自身的信息时，读者就更愿意相信他们在评论中所写的内容。在现实世界中，我们倾向于认为那些住得离我们近的人会跟我们有类似的品位和偏好。从这个意义上来说，我们的邻居所制造的网络信息对我们而言是最有价值的。

2. 网购渠道可能让你错过一些好东西

如今的顾客越来越依赖网上购物与网络评分。在他们眼中，互联网上没提到的东西一定不存在。但只有一部分人能意识到，互联网销售渠道跟实体门店销售往往是脱节的。表面上看，互联网给我们带来了更多的选择，实际上，我们的视野反而变得越发狭窄。

互联网上的信息过于泛滥，信息过滤程序往往简单粗暴，顾客的精力根本不够用。很多人为了快速地从海量的信息中提取有用的情报，只是根据各种各样的排行榜来选择商品。然而，排行榜上的舆论往往是被媒体和商家刻意制造出来的。很多商家打着大数据的旗号来分析市场需求，最终造成的结果是某些被算法选中的顾客群体成了市场主流，实际人数更多的其他顾客群体的消费偏好因话语权丧失而没被充分反映出来。

毫无疑问，这样的市场调查并不充分，由此得出的各种排行榜抹杀了顾客需求的多样性。你天天上网浏览却依然不知道自己想要的东西正躺在实体门店里无人问津，这种现象并不罕见。不仅顾客应该意识到这点，零售商也应该反思自己的营销模式，开发那些被排除在“市场”之外的潜在顾客群体。

零售新手的课外练习

调查2017年好评率最高的淘宝店

要求：调查淘宝网上商城在2017年的排行榜，找出好评率排名前五的淘宝店，搜索关于它们在2017年的信用等级、好评数、销售额、主打商品等相关信息，务求多搜集调查样本，详细记录反馈内容。

排行榜名次	淘宝店名	信用等级	好评数	销售额	主打商品

电商时代，更不能忽视“少数派”顾客的需求

1. 什么是“偏好隔离”现象？
2. 为什么零售商会越来越迎合大众的消费口味？

1. 掩盖小众需求的“偏好隔离”现象

人们在消费上具有趋同性，但我们不可能什么都跟周围的人如出一辙。零售商通常满足的是大众需求，而有些顾客的消费偏好不同于大众，非常个性化。理论上，天下总有能满足小众需求的商店。但实际上，包括零售商在内的所有商家都会优先迎合大众，一切按照大多数人的习惯来做。这导致小众需求型顾客常常被排除在市场之外，无论是网上商城还是线下实体店都不能满足他们。这便是“偏好隔离”现象，小众需求被大众需求隔离，完全丧失话语权。

就事论事，站在零售商的立场上，迎合大众需求是正确的做法，毕竟商品和服务的供应都需要一定的成本。零售行业的利润不高，主要靠削减成本、减少浪费来获利。假如某种商品的目标群体过于小众，就无法形成规模效益，会给零售商带来很多负担。

不过话说回来，“少数派”顾客只是在特定领域数量少。若是把形形色色的小众需求型顾客累加在一起，人口规模就会得到一个惊人的绝对值。这块市场蛋糕开发难度很大，但潜力之和不容忽视。

零售冷知识

搜索排名对卖家的影响

在顾客搜索信息的过程中，排名最靠前的卖家的点击率和好评率往往是最高的。在电脑设备上，排名提高一位就能提高25%的点击率。假如你点击排名第二的卖家链接的可能性是10%，那么点击第一名卖家链接的概率就是12.5%。对于类型完全相同的广告来说，在移动设备上提高一位排名就可以提高37%的点击率。也就是说，移动设备相比固定设备，点击率提升了大约50%。从固定设备转移到移动设备会提高线上搜索能力，因为你点击排名靠后的链接的可能性大大下降，排名靠前的链接的点击率得到了更多的提升。当你在固定设备上搜索当地门店和品牌时，距离门店的距离每减少1千米，点击率就会提高大约12%。

2. 空间长尾理论的启示

互联网零售的普及在一定程度上拯救了小众需求。这些少数派顾客在周围可能几乎找不到与自己有相同偏好的人，但在社交媒体上，他们可以跟成千上万的同类打成一片。有小众需求的人汇集在一起，无形中扩大了细分市场的规模，让零售商感受到开发利用的价值。

美国营销专家大卫·贝尔认为："网络卖家的最佳方案是一开始就专注于人口相对稠密的地区，从而充分利用接近效应。当这种策略产生的消费者增长率变得平缓时，就应该随时间逐渐改变战术，从而通过相似性效应来获取消费者。大部分网络卖家都应该从人口密集的位置起步，但之后也要在其他地方寻找立足点。这些目标地点就是位于同一近区中的同组位置，它们的居民拥有相同的现实世界特征、环境和偏好集合。总而言之，培育空间上较为分散的消费者，通常要优于培育空间上相对集中的消费者。"

无论从哪个角度看，零售商都不能忽视小众需求的存在。我们在实体门店中采取相应的措施，力所能及地满足他们的小众需求。说不定，一个尚未成型的新目标市场会经你之手发展壮大。

零售新手的课外练习

调查你家周边的百货商店

要求：以你家为中心搜索周边的五家百货商店，记下它们的名称，了解其主要售卖的产品种类以及销量最好的产品品牌，观察每一家商店一天内的客流量有多大。

商店名称	产品种类	热销产品品牌	一天的客流量

利用社区效应促进门店交易

1．什么是零售店的“社区效应”？

2．现实中的社区跟虚拟的社区有什么不同？

1．现实世界的位置决定了你对网络信息的取舍

网络世界的商品评论五花八门，但你实际上只会关注跟自己关系更密切的内容。同样的观点，如果是距离遥远的陌生人写出来的，你可能会有所怀疑；假如是你的邻居所写，你会觉得更加可信。

曾几何时，我们都认为互联网可以让大家超越地理位置的束缚，只凭纯粹的兴趣爱好建立相互信任的亲密关系。事实上，我们依然受制于现实世界的趋同性法则。遥远的陌生人说的事情，你没法亲自验证。而邻居的言行举止可以被观察与核实，这就增加了他们的可靠性。

所以，美国零售专家大卫·贝尔指出：“来自相同位置、拥有相似的收入和受教育程度，并且前往门店的难易度也相差无几的家庭，被网络卖家吸引的程度是相同的。这就是趋同性效应导致的结果。所以，相邻很重要，如果某个地理位置的消费者认为某个网络卖家很有吸引力，那么同一位置的其他人也很可能这样觉得。”

实体零售店扎根社区，做的是社区街坊生意。网络零售店实际上也要利用社区效应来提高自己的销售额。不同的是，实体零售店覆盖的社区有限，而网络零售店相当于覆盖了多个社区。

零售冷知识

互联网购物中的“信息迷雾”

在信息泛滥的今天，如果缺乏信息过滤机制，就会让我们的精力被无限分散，什么事都做不成。但任何信息过滤机制都有一定的局限性。很多消费者认为，那些在互联网上搜不到的东西都是不存在的。实际上，互联网的信息看起来庞杂，但并不全面和准确。盲信互联网推荐，可能会让我们错过很多好的产品或服务。

2. 把现实社区和虚拟社区结合起来

互联网时代的广告宣传越来越依赖口碑与信任。而同一社区的成员最容易产生口碑传播，只要一个顾客对你深信不疑，他的社区同伴们也有很大的可能性认同你。

在现实社区中，我们会定期与周围的邻人、同事交流，许多想法由此在社区内传播，形成大部分人的共识。在虚拟社区中，有着相同爱好与价值观的人们也集结在一个虚拟的地点。尽管这个虚拟的地点跟他们的实际居住位置无关，但共同的活动场所会让他们像现实中的友邻一样同声共气，从而演变为具有相同消费偏好的顾客群体。

零售商在打造线上线下一体化销售网络时，可以利用主流社交平台来宣传品牌、吸引顾客，进而把越来越多的顾客纳入社群当中。这个社群是现实社区中的顾客与虚拟社区中的顾客共同形成的。零售商在网上通过分享与讨论信息来与顾客建立深度社交关系，同时利用线下门店可视化技术来展示实体场景，提高顾客对品牌的社交心理依赖。

总之，在社区效应的作用下，零售商将实现网络零售店与实体门店的相互促进。

零售新手的课外练习

调查海尔天猫店在2017年“双11”活动期间的情况

要求：调查海尔天猫店在2017年“双11”活动期间的情况，找出销售额排名前五的热门商品并记录其促销价格、首日订单数量、单品销售额等相关信息，务求多搜集调查样本，详细记录反馈内容。

排行榜名次	热门商品名称	促销价格	首日订单数量	单品销售额

拓展阅读：逆流而上的苏宁集团

2016年对于大多数国内外零售商来说是个寒冬。大批创业公司倒闭，华堂、乐购等国际知名零售商在中国市场上败走麦城，连沃尔玛、家乐福等零售业大佬也出现了部分关店调整的情况。但是，北京苏宁线下门店却逆流而上，实现了约15%的增长，北京慈云寺苏宁云店的增长超过30%，成为北京零售业实体端的“黑马”。

与此同时，苏宁大力在农村推行电子商务，成立农村电商研究院，打造农村经济发展的电商生态圈，助推各地形成农业产业化、农产品品牌化和人才专业化发展。截至2016年底，苏宁易购在全国累计开设直营店2000余家，仅北京大区64家直营店销售规模就超过4亿元。

苏宁的发展势头之迅猛，令零售行业震惊。

2017年8月24日，由全国工商联主办的2017中国民营企业500强发布会顺利召开。在中国民营企业最新500强名单上，华为集团名列第一，苏宁集团位居第二。苏宁集团的年营业收入高达4129.51亿元，是国内仅有的六家年营业收入突破3000亿元人民币的民营企业之一。

根据中华全国商业信息中心提供的信息，苏宁云商在2017年1—6月实现营业收入835.88亿元，同比增长21.64%。其中，苏宁云商在中国大陆地区实现的营业收入同比增长26.88%。净利润29 171.4万元，相比2016年同期增长了340.71%。整体来看，2017年上半年苏宁云商商品销售规模（含税）为1 044.69亿元，同比增长22.07%。苏宁云商在上半年实现线上平台实体商品交易规模为500.39亿元（含税），其中线上自营商品销售收入为413.65亿元（含税），同比增长61.39%；开放平台商品交易规模为86.74亿元。

从上述数据可知，苏宁实际上已经成为我国最大的电商零售业企业。这个成就与苏宁高层的发展战略是分不开的。苏宁的发展定位始终坚守在零售消费这一最大的金矿上。与此同时，集团积极利用互联网技术整合零售产业资源，打造出自己的互联网零售模式。

苏宁云商集团股份有限公司董事长张近东在一次演讲中指出："当社会上忙于争论电子商务和实体零售谁能胜出时，我们默默地探索自己的互联网零售模式；当人们兴高采烈、盲目地以为新零售到来电子商务已死时，我们则更加坚信互联网零售、物联网服务的发展前景。苏宁的互联网零售从发展的第一天起，就是以科技为手段、技术为工具，全面推进零售和服务的商务电子化。如今，互联网零售已经成为行业最大的风口，持续40%、50%的复合高增长已成为行业的常态，面对这样一个朝阳行业、风口时期，苏宁布局好了、苏宁也已经准备好了。"

苏宁商业模式创新在2014年已经初步完成，全产业布局框架也在2016年完成。经过26年的发展，苏宁的零售业务已形成多渠道、多业态、多品类的发展趋势。商品品类包括家电、母婴、超市、百货、家居，从实物商品到文化体育等内容商品，从智能家居到科技金融等服务商品，无所不包。苏宁同时不断地提高商品的档次，越来越多的进口商品、精品国货、中华特色商品出现在苏宁的零售平台之上。

与此同时，苏宁还涉足了地产、金融、文创、体育、投资等新产业，向整个现代服务业积极渗透。拥有18万名员工的苏宁已经成为一个庞大的跨国零售集团。集团今后的主要发展目标是整合六大产业的资源，实现互联网零售从商业模式向盈利模式转变，把中速增长提升为高速增长。

《中国零售行业发展报告（2016/2017年）》（节选）

以下是我国商务部在《中国零售行业发展报告（2016/2017年）》中提出的我国零售行业在未来的五大发展趋势以及五个最突出的发展瓶颈：

一、行业发展趋势

2016年，面对错综复杂的国内外经济环境，我国经济结构调整加快，供给侧结构性改革初见成效，经济增长新动力不断积聚，国民经济稳中趋缓，稳中向好，居民收入稳步增长，消费升级进程不断加快，市场呈现出“新消费、新零售和新生态”特征。初步预测，2017年，我国全年社会消费品零售总额增速仍将保持在10%左右，比同期GDP增速高出3个百分点；全国商品零售额增长9.8%左右，商品结构将进一步优化；网络零售增速保持领先，预计全年增速在25%左右，远高于百货店、专业店、超市等传统业态。

2016年11月，《国务院办公厅关于推动实体零售创新转型的意见》对外发布，对零售业发展提出了调结构、创发展、促融合等16条意见，为实体零售下一步发展指明了方向，有利于零售行业发展新业态、新模式，进一步降成本、提效率、优服务，更好地适应经济社会发展新要求。未来我国零售行业将呈现出以下发展趋势：

（一）构建线上线下融合新格局

近年来，实体店受到网络零售巨大冲击，经营陷入困难，电商企业流量红利消退，发展遇到瓶颈，加之消费诉求发生深刻变化，实体零售与网络电商正逐步从独立、对抗走向融合、协作，深度融合是优势互补、实现共赢的发展方向。阿里巴巴牵手三江购物、银泰百货、百联集团，沃尔玛、永辉超市引入京东，线上线下企业合作互动频繁，有助于实体零售企业提高信息化水平，将线下物流、服务、体验等优势，与线上商流、资金流、信息流融合。据支付宝数据显示，2016年全国有近1000家大型购物中心、5万家超市便利店、55万家餐厅参加了双十二活动。在未来零售市场中，以互联网、物联网、人工智能及大数据等领先技术为驱动，数字化技术将虚拟与现实深度融合，传统零售在物理空间和时间维度上将获得极大延展，消费者不再受区域、时段和店面等因素限制，零售行业终将发展成面向线上线下全客群，提供全渠道、全品类、全时段、全体验的新型零售模式。

（二）多业态跨界协同趋势明显

在居民消费结构不断升级背景下，单纯依靠商品销售的粗放型发展模式已无法适应市场需求，未来的零售行业将继续朝多业态、多领域聚合式、协同化方向转型。新零售时代，零售企业将围绕多样化、个性化的消费需求展开，各类商业综合体将聚合教育、亲子、医疗、健身、旅游、商务等更加多样的服务业态，从以往单纯的购物中心逐渐转型为体验中心，为消费者提供全方位一站式的服务体验。天虹百货逐步开始推动自身转型升级，将旗下门店统一采取主题场景布局，零售、餐饮与娱乐三大板块按照2∶1∶1的比例布局，为消费者营造出舒适的购物环境，同时也满足了不同消费群体的购物、休闲、娱乐需求；国美逐步对线下门店进行新场景改造，从单一的电器零售商向“产品+休闲娱乐”的体验式场景化卖场转变，烘焙教室、电竞专区、小美网咖、家庭家居家装等场景，增加年轻消费群体黏性，培育新的消费需求。此外，超级物种作为永辉致力于“零售+餐饮”的新尝试，预计2017年底全国门店数量将达50家，并将依据消费者需求及商圈匹配度等因素，融合儿童设施、自助洗衣、宠物店等新领域。

（三）社交化场景化模式成主流

互联网时代，以广告为主的单向传播方式效果不断衰减，口碑、信任成为零售品牌得到消费者认可的重要因素。企业利用主流社交平台，开展品牌宣传、会员营销、销售支付等诸多环节服务；通过与消费者、消费群体保持高频互动，提高自身的社交属性，了解消费痛点，填补品牌短板；通过促成不同来源的消费者建立聚类的社交关系，帮助他们实现分享、沟通与讨论，提高消费者对于品牌的社交心理依赖，并凭借消费者的口碑宣传引发群蜂效应。天虹商场在落实门店微信后不仅实现了线下门店的可视化，还结合实体场景、社交关系等逐步打通营销、会员、商品、销售、支付在内的诸多环节；国美Plus开创“社交+商务+利益分享”生态圈商业模式，不仅可以满足消费者“吃、穿、购、娱”的基本需求，更能满足他们社交、分享的心理需求。未来的零售企业将不再是纯粹的商品售卖者，而将成为整合资源、打造社交化业务生态、实现多方共赢的市场组织者。据估算2020年我国社交电商商户规模将达2400万户，市场规模将突破万亿元，未来5年行业将有10倍以上的拓展空间。

（四）重构智能高效供应链体系

作为连接生产与消费的流通环节，传统零售企业对全供应链控制能力较弱，信息传导响应不及时，供需错配导致企业库存高企、周转率低、商品同质化等问题不断加剧。随着信息技术发展和数字化水平提高，重构消费主导、响应及时、快时尚化的供应链，实现产端、渠道和客户一体化的效能提升，将成为我国零售行业转型升级的重要举措。永辉、步步高、大润发均与全球优质源头合作，加快基地建设和产端战略合作，去中间化和品质化。大商集团通过收购澳大利亚格林岩石牧场、德国城堡酿酒厂等上游生产商，引进大量国内稀缺的特色化、品质化商品资源，企业市场竞争力显著提升，年利润较上年大幅提升了52.3个百分点。未来，新供应链将实现全链条数字化，通过客户、物流、支付、服务等数字一体化，从而实现库存最优乃至零库存；通过数据分析掌握消费需求，以需定产，柔性制造，深耕上游供应链，保障企业的差异化、高端化、定制化战略精准实施，最终实现零售升级。

（五）社区商业进入黄金发展期

宏观经济增速不断放缓，我国实体零售仍将延续平缓发展态势。在场地租金攀升、企业利润下降的大环境下，门店越开越小俨然已成为我国实体零售不可阻挡的发展趋势，便利店、精品超市、社区型购物中心等社区商业将成为零售企业寻求转型升级的重要方向。2016年11月，阿里巴巴入股三江购物，旗下的淘宝便利店先后进驻杭州、上海、宁波。2017年2月，京东集团宣布年内将在全国开设1万家家电专卖店；两个月后，京东集团“百万便利店计划”出炉，预计未来5年将在全国开设超过100万家京东便利店。伴随着我国社区零售整合化、全渠道发展进程逐步加快，投资成本低、成熟周期短的社区零售必将成为支撑行业发展的重要推手。

二、行业发展问题

（一）传统经营模式亟须变革

互联网环境下，以消费升级为主线的消费理念、消费诉求、消费方式发生深刻变化。消费分层、小众化、个性化特点日益突出，传统零售商业模式一定程度制约零售业持续健康发展。从零供合作方式看，我国传统零售业中，仍有部分企业将入场费、联营扣点作为其主要利润来源。零售商引厂进店、出租柜台，不掌握产品终端，不参与销售过程，不直接服务顾客，仅为品牌商提供收银和物业管理等商业服务，自主经营功能衰退，市场敏感度低，是当前零售业经营转型、业态升级缓慢的症结之一。从竞争方式看，百货店、超市、购物中心同质化较为严重，千店一面、千店同品现象突出，其中百货业约87%的商品雷同。同质化必然导致过度的价格竞争，零售企业微利经营甚至是无利经营。从销售模式看，层层代理制是传统零售行业常用的销售模式，一件产品从厂家经过层层代理商，再到终端销售店，最后到消费者手中，层层加价导致产品价格虚高，缺乏市场竞争力。

（二）商业网点布局仍待优化

随着我国经济发展和城镇化进程加快，商业网点建设发展迅速。据国家统计局数据，截至2015年末限额以上法人零售企业营业面积比2011年增长53.8%，呈现高度竞争的零售市场格局，较大程度满足了城乡居民日益增长的物质文化需求，但商业网点发展不均衡、结构性过剩、配套设施不完善等问题凸显。从区域结构看，零售行业发展呈现东强西弱的特点,尤其是连锁等现代商业组织形式发展与东部有很大差距。从城市内部看，中心城区商业网点集中，商业体建设过剩，同质化竞争严重，导致企业盈利困难。重庆市五大商圈商业体量超过400万平方米，业态老旧，其中观音桥朗晴广场空置率逾40%。从业态结构看，大型百货店、超级市场饱和。据联商网不完全统计，2016年全国范围百货与购物中心业态关闭56家门店，大型超市业态关闭129家门店。而“最后一公里”社区商业仍处于初级阶段，以每百万人拥有社区便利店店铺数量统计，日本388家，台湾地区425家，中国大陆城市平均为54家。此外，部分老商业网点配套不完善，周边环境较差、交通路况拥堵、购物空间不佳，均在一定程度影响消费者购物体验，导致客流减少。

（三）成本高企压缩利润空间

近年来国家陆续出台有效措施，流通企业税费成本、融资成本等有所下降，但受制于物流成本高企、房地产价格上涨、人工成本上升等因素，零售企业经营成本压力依然较大。从物流成本看，我国物流行业集中度低，行业信息化、标准化发展滞后，造成中间环节多、周转期长、效率低下等问题，物流成本依然偏高。据中国物流与采购联合会数据，2016年社会物流总费用与GDP比率为14.9%，比上年下降1.1个百分点，但仍比美、日、德等发达国家高出一倍左右，高于全球平均水平约5个百分点。特别是冷链物流建设滞后，全国冷藏车人均保有量不足美国的1/10；农产品最初一公里冷链基础设施不完善，无法第一时间预冷、分级、包装、标准化，导致全国每年农产品损耗超过3000亿元。从租金成本看，房地产价格上涨推涨商业地产租金，一线城市表现尤为明显。据统计数据，2016年第三季度，北京市购物中心首层租金指数同比增长2%左右，比五年前增长逾两成，其中，中高端购物中心首层租金为916.2元/（㎡·月$^{-1}$），环比上涨0.3%。此外，人工成本、商业用电成本等均是零售企业成本增加的重要影响因素。

（四）数据驱动应用仍显不足

大数据时代，数据化、智能化逐渐成为零售企业经营决策的重要前提，重建以数据链为核心的经营决策模式，是实现自身转型和升级的基石。互联网零售企业基于自身优势，已在数据挖掘、数据决策领域取得了显著成效，但我国大部分传统零售企业数据基础较为薄弱，数据管理技术落后，数据思维意识不强，在会员管理、商品管理等方面数据应用依然不足。从数据获取看，我国传统零售企业收集数据方式较为单一，主要是POS机数据和历史交易数据，收集交易过程数据能力较弱，消费者行为数据缺失。而实体店收集行为数据的技术并非空白，如沃尔玛在手推车上追加跟踪器，根据推车路径改进货架摆放；银泰、大悦城等大型零售企业通过进店 WiFi、二维码等方式与顾客交互。从数据应用看，传统零售企业数据管理技术较为薄弱，数据细粒度不够，数据标准化、数据孤岛问题尚未解决，不能从海量数据中高效地获取关键机会洞察点，数据应用范围大部分局限于商品品类分析报表,无法满足当前对消费者个性化营销、重塑高效协同供应链等需求。

（五）市场公平秩序尚待改善

近年来，我国在规范市场秩序、建立公平有序的市场竞争环境上取得了显著成效。但部分领域、部分环节还存在不诚信、不规范、不公平的现象。从商品服务看，假冒伪劣、虚假宣传、售后服务等问题依然突出，尤其是电子商务法律法规不完善，监管不到位，涉及网络购物的投诉增长明显。据中国消费者协会数据：2016年全国消协组织共受理消费者投诉65.35万件，同比增长2.3%；网络购物投诉24.11万件，同比增长65.4%。从信息安全看，网络购物为消费者带来便捷、高效的购物体验，但个人信息泄露带来的骚扰甚至钱财损失等问题随之而来。